マル暴　警視庁暴力団担当刑事

目次

マル暴
警視庁暴力団担当刑事

櫻井裕一
Sakurai Yuichi

小学館新書

バブル崩壊直後の１９９１（平成３）年、冬の寒さが残る３月の某日。警視庁戸塚署（東京都新宿区）の刑事課マル暴のデスクに詰めていると、一本の奇妙な１１０番通報が入った。

「高田馬場駅前に、見知らぬヤクザがうろうろしている」

何度尋ねても、電話の主は自分の名前を口にしなかった。

ＪＲ新宿駅から山手線で２駅の高田馬場は、早稲田大学に近く、駅付近には進学塾や飲食店が建ち並ぶ。昼間は、学生ローンのネオン看板やゲームセンターの喧騒の間を、多くの学生や会社員が行きかっている。ヤクザには似つかわしくない街だ。

というよりも、この通報者はどうして見知らぬ者をヤクザだと見抜けたのか。

１１０番通報はいったん警視庁の通信指令本部が受け、所轄警察署に通報内容が下りてくる。所轄には通称「リモコン」と呼ばれる指令台があり、通報を受けたら署員が本部に対して「戸塚署、了解」と返事をする。その後、「リモコン」は通報の内容を、警察無線ですべての警察官に伝達しつつ、事件の性質によって、強行犯係や暴力犯係などに指示を割り振る役割をする。

この件はヤクザ絡みということで、マル暴に連絡が落ちた。ただの不審者ということであれば交番に詰めている警察官が早期対応するが、相手がヤクザとなれば、街の喧嘩から殺人事件まで、暴力団を担当する刑事の出番となる。

つまり、私たちだ。

指令台によると、通報者は詳しい状況を告げるどころか、「見知らぬヤクザ」とだけ言って、プツリと電話を切ったということだ。不審な通報だったが、署に詰めていた私と相棒の刑事は、とりあえず現場に向かった。

高田馬場駅に着くと、すぐにわかった。当時、ヤクザの間で流行っていたダボダボのスーツ。中肉中背。顔のシワから察するに50代前半の男が、たしかに駅前をうろついていた。

バン（職務質問）をかけた。

「戸塚のマル暴だけど、お宅、見かけない顔だな。話、聞かせてくれるか」

男がヤクザなら、素直に「はい」などとは応えないはず。

「……はい」

「目の前に交番があるから、そこで話そうか」

そう続けると、意外にもまったく抵抗せず、男は従った。見た目が派手なだけで、この不審者はヤクザ者ではないのか。だが、念のために交番で所持品検査したところ、なんと、ベルトにゴツイ自動式けん銃が差さっているではないか。

刑事は、現場の保存に必要な道具一式が揃った「臨場《りんじょう》バッグ」の中に、けん銃事案の発生に備えて、磁石を携帯していた。巷に出回っているモデルガンはプラスチック製だから、磁石を使えば本物か偽物かを一発で見分けることができる。

男が持っていたけん銃に、磁石はカチっと付着した。

マブのチャカだ――。

我々は、モデルガンや改造ではないけん銃を真正《しんせい》けん銃、通称「マブ」と呼ぶ。けん銃をその場で差押え、銃刀法違反で男を現行犯逮捕した。

ギョク（実弾）付きのマブを所持していたら、最大10年もの懲役を食らいかねない。にもかかわらず、どうしてこの男は、バンかけに抵抗すらしなかったのか。普通のヤクザ者なら最大限の抵抗を試みるだろう。もしかして、ヤケクソになって交番でけん銃をぶっ放すんじゃないか……とヒヤヒヤしたが、交番への連行から所持品検査、けん銃の押収まで、男は終始、素直に警察の指示に従った。

男の言動はヤクザ者として明らかに不可解だったが、その後の捜査で、意外な真相が明らかになった。男は自分の所属する組から逃れるために、警察を利用したのだ。いくら我が身のためとはいえ、ヤクザ者が警察に逃げ込むとはよほどのことである。

勾留中、男の所属する組の関係者は一切、面会に来なかった。建前上、ヤクザは疑似家族なので、組員が捕まったときには、物心両面で支援が行われる。しかし、組の幹部にまで昇りつめていたこの男の面会に来たのは、たったひとり。40歳くらいの妻だけだった。男は留置場の中にいるのだから、すぐさま報復される心配はないだろうが……。

逮捕からしばらくすると、面会に来た妻の左手に包帯が巻かれていた。

「いったい、どうしたんですか？」

尋ねると、彼女は力なく打ち明けた。

「組の人間がうちに来て、ケジメだって。私、指、とられちゃった」

なんと、逃げた幹部のかわりに、彼女の小指の第一関節から先をとられてしまったというのである。これは明白な傷害事件だ。

組事務所へのガサ入れの風景（2012年、先頭右が筆者）

「旦那のために奥さんが指をとられるなんて、そんな馬鹿なことはない。まったく筋が違いますよ」

私は、説得しようと試みた。彼女が被害届さえ出してくれれば、組の連中を一気に逮捕できる。だが、頑として首を縦に振らない。

夫への愛情か、それともさらなる報復を恐れてか。

「それなら、被害届は（出さなくても）大丈夫です。病院の名前、それだけでも教えてくれませんか？」

指をとられた後に、彼女の治療をした病院の名前さえわかれば、事件は前に進められる。当事者の被害届がなくても、病院からの聴取で捜査開始だ。

けれど、彼女は一向に口を割らなかった。かたや、我々の懐に逃げ込んできた男は気持ちが見えなかった。妻の指が飛ばされたことを聞いても、激高するどころか、動揺している様子もない。

当然、男は承知していたはずだ。彼女が、組の連中に「お前の旦那のせいで……」と、寄ってたかって責められたに違いないことを。そして「私の小指《エンコ》を持って行ってください」と、自分の指を差し出したに違いないことを。男の妻は、ヤクザ以上に根性が据わっていた。

結局、私は被害届を取ることができなかった。彼女の指を飛ばした組の連中は野放しのままになってしまった。

「もういいじゃないか。チャカも1丁あがったことだし」

当時の戸塚署の刑事課長は楽観的だったが、私はどこか納得できなかった。

私は、２０１８（平成30）年に警視庁の組織犯罪対策部の管理官（警視）として退官するまでの、40年余りの警察人生を、マル暴一筋で駆け抜けてきた。

数多の暴力団組員と取調室で相対し、さまざまな事件の捜査に従事してきたが、その中でふと、このけん銃所持事件で指を取られてしまった女性のことを思い出すことがある。

ヤクザ社会というのは、やれ侠気《おとこぎ》だ、任侠道だと、自らの存在を美化するところがある。「親分のため」「メンツのため」と犯罪行為や組織暴力を正当化しているのだ。

しかしその実、暴力団事件で酷い目に遭うのは、何の罪もない一般人であり、立場の弱い女性や子供である。時に、このけん銃事件で指を取られてしまったような、ヤクザの家族である。抗争事件では、たまたま居合わせた一般市民が犠牲になる。経済事件では、職場を失ったり、老後の資産を奪われたり、直接間接に市民が被害に遭っている。

任侠道の裏側には、かならず泣いている人がいる——この事件で感じた苦い思いこそ、私の警察官としての情熱の原動力でもあったと思う。

第1章 マル暴刑事

「マル暴」とは、暴力団の捜査を担当する警察の捜査員である。ときには、組対《ソタイ》や、四課とも呼ばれる。

警察では、2003（平成15）年に組織犯罪対策部が設置されるまで、暴力団犯罪は刑事部の捜査四課で対応していた。暴力団や外国人グループなど、幅広い組織犯罪を取り扱う組織犯罪対策部（組対）が設置されてからも、一課から五課まである組対部のうち、暴力団捜査は四課で対応することとなっている。これがマル暴イコール四課、の呼び名の由来だ。といっても、必ずしも四課の人間だけが「マル暴」というわけでもないのが、わかりにくい部分かもしれない。たとえば組対三課は、暴力団関係者による企業恐喝など、「特殊知能暴力」を担当するので、ここに所属している捜査員も「マル暴」となる。

警視庁や大阪府警察本部など、規模の大きい都道府県警には組対部が設置されている。また、組対部を置いていない県警の警察本部や、警察署でも、刑事課の中に「暴力犯係」を置いて対応しているところもある。彼らもマル暴だ。ヤクザがどこにでもいるように、一都一道二府四十三県すべての都道府県警にマル暴がいる。

私は1977（昭和52）年に警察学校を卒業した後、警視庁赤羽署（東京都北区）に配属された。まずは交番勤務からのスタートである。

赤羽は、東京の中心地から北西に離れているものの、東北地方から出稼ぎに来る労働者の玄関口として栄えてきた地域だ。管内の繁華街は、いまでこそ下町情緒あふれる飲み屋街として親しまれているが、着任した当時は、酒場は現場仕事を終え、埃《ほこり》にまみれた労働者で溢れ、いたるところをヤクザが闊歩《かっぽ》し、そこかしこで暴力沙汰が起こっていた。都心の池袋に次ぐ「怖い街」だったのである。

中学時代は野球部、高校2年からレスリング部に所属し、生粋の体育会系で過ごしてきた私にとって、赤羽の繁華街の光景はまったくの異世界だった。

警察独身寮の仲間と繁華街に飲みに出ると、「おう、オマワリがこんなとこ、きちゃあダメだよ」とヤクザがちょっかいを出してくる。どのヤクザも「ここ赤羽は俺の街」といった風に、我が物顔で歩いていた。実際、赤羽でヤクザはやりたい放題だった。

一般人が相手でも、そこらへんを歩いていて目と目が合っただけで喧嘩になる。「オイ、何見てんだ？」と因縁をつけ、次の瞬間には手が出る。全国から腕に覚えのある不良たちが集まり、路上には殺伐とした気配が充満していた。

あまりにも喧嘩が多いので、警察も対応には苦慮していた。とてもじゃないが、すべての事案にじっくり対応している時間はない。だから、赤羽のヤクザは交番勤務の警察官をナメ切っていた。

「なんだ、制服のくせして、お前ら」

私たち制服警官が何を言ってもこんな反応で、まったく言うことを聞かないのである。

しかし、同じ警察官でも、マル暴だけは別格だった。

柔剣道で鍛えた屈強な身体を、ダブルの背広で包む。鋭い眼つきで威圧する若手刑事から、人情味と風格を併せ持つベテランまで、誰もがアウトローとわたりあう気迫を持っていた。私ではどうにもならない喧嘩の現場でも、マル暴の刑事が出張《でば》ってくると、ヤクザの態度が一変する。

「お疲れ様です！」

制服警官の私ではない、ヤクザが言うのだ。怒鳴り声を上げていたのが急におとなしくなり、きっちりと頭を下げて挨拶までする。ヤクザが、警察官に対して「○○さんが直々にいらっしゃるなんて……」と、完全に下手《したて》に出るのだ。

あるとき、110番通報が入った。一般人が、ヤクザにぶちのめされているとのことだったので、交番勤務の私たちは急いで臨場《りんじょう》した。しかし、いつもの通りだった。屈辱だ。「制服」がいくら制止しても、ヤクザらは収まらずに暴れ続けている。

と、そこに警視庁本部の捜査四課から転勤してきた警《けい》ら課（現在の地域課）の係長（警部補）が駆けつけたのだ。

「遠慮するな、さっさと押さえつけろ！」

係長が怒声を上げて号令をかけた。面食らった私は、制服の先輩を見た。すると、私と同じようにオロオロしていた先輩の表情がキュッと引き締まった。

「係長の指示が出たんだ。いくぞ！」

私たちは初めて、ヤクザの集団に突進していった。令和のいまでは想像できないかもしれないが、警察とヤクザの乱闘劇だ。いざやってみれば、血がたぎる。ヤクザがなんだ。本気の取っ組み合いなら、毎朝の柔剣道朝練で鍛えられている警察官が負けるはずがない。

しばらくすると、私たち制服は5、6人のヤクザをねじ伏せていた。

「オイ！　警察が暴力振るっていいのかよ！」

ヤクザたちは号令をかけた係長に抗議したが、彼は一喝。

「うるせえ、この野郎」

警視庁本部の四課で暴力団と渡り合ってきたマル暴に、私は尊敬の念を抱いた。

赤羽を闊歩する無法者に対して、赤羽署のマル暴も血の気の多い猛者が揃っていた。昼夜を問わずに街で暴れる連中をバンバン張り倒し、黙らせていった。それが、赤羽のマル暴とヤクザのやり方だった。あの頃は、そうでなければ街の安全を守れなかったのだ。

マル暴刑事を目指す

四課出身の係長のように度胸と自信を持って仕事に取り組み、ヤクザに立ち向かう刑事になりたい――私は、マル暴刑事《デカ》を志すと決めた。当時のマル暴は、現在の組織犯罪対策部（組対）ではなく、刑事部の中にある「捜査四課」だった。

とにもかくにも、交番勤務の私がマル暴になるためには、まず刑事として独り立ちしなければならない。

刑事とは、警察の制服ではなくスーツなどの私服を着て、刑事事件の捜査に当たる警察官である。警察官として採用されると、まず「地域課（当時は警ら課）」に配属される。簡単にいえば、交番のおまわりさんだ。殺人や詐欺、恐喝などの事件の捜査は、強行犯係や暴力犯係に所属する警察官が捜査する。これがいわゆる刑事である。階級や役職は地域課の警察官と違いはないものの、刑事になれるのは地域課で手柄を上げるなど、見込みのある警察官に限られる。

都道府県の警察本部に採用された警察官は基本的に、職位が低い巡査からキャリアをスタートさせる。そこで大卒者は2年、それ以外は4年間勤務し、昇任試験に合格したら、巡査部長となる。

巡査部長の上の職位が警部補である。小規模の捜査員を束ねる捜査の責任者であり、警察署の係長がこれにあたる。全警察職員のうち、巡査、巡査部長、警部補がおよそそれぞれ3割ずつ占める。残り1割が警部以上の幹部だ。

一方、国家公務員試験に合格し、警察庁に採用されたキャリア警察官は、初任から警部補である。キャリア組も経験を積むため、警察署に配属されるが、ノンキャリアの警察官に比べ昇進のスピードが速い。

キャリア組の刑事と違い、ノンキャリの私が刑事になるには「櫻井は見込みがある。刑事になるための捜査講習を受けるにふさわしい」という、上長の推薦が必要だった。最短距離で推薦を受けるには、手柄を上げてアピールするのが一番だ。

交番勤務なら、ノビ師（詳しくは後述）や自転車泥棒といった犯人をどんどん捕まえて、署に連行する。「あいつはよく捕まえてくるね」と、署内で目立つ存在になる。

朝から晩まで、私は赤羽のいたるところでバンをかけまくっていた。バンかけ、つまり職務質問である。道すがら「バーンと話しかける」ことからその名がついたという説と、「こんばんはと声をかける」から「バンかけ」になったという説があるが、由来はどうでもいい。警察官は、警察官職務執行法に則り、怪しいと思った人物に職務質問し、住所や氏名、職業や行き先を尋ね、所持品を検査したり、交番や警察署に任意同行を求めることができる。不審人物を見かけるたびに、私はバンをかけまくった。

一番数を上げたのは、自転車泥棒である。毎回の当番で面白いように捕まえられた。「すみません、盗《と》っちゃいました」と白状する自転車ドロを捕まえると、「ダメだよ、そんなことしちゃ」と説教しながら、内心ほくそ笑んでいた。軽犯罪者を捕まえれば捕まえるほど、推薦が近づいてくるような気がしていたのだ。いま振り返れば、いささか不純な正義感だったかもしれない。

だが、バンをかけまくる日々が、警察官としての嗅覚を磨いてくれたことも事実なのである。私は次第に、怪しい者と、そうでない者を見分けられるようになった。視界に入ってくる多くの通行人の中から、バンをかけるべき相手を瞬時に判断する。人相や格好、動作も観察するが、それだけを頼りにするのでもない。第六感の、どうも怪しい。それがきっかけになることもある。

赤羽駅前で交番勤務をしていたとき、コインロッカーに荷物をしまう男が気になった。それから、当番勤務のたびにコインロッカーを注視した。男は毎回、コインロッカーに姿を見せた。歳は四十代には届かない程度、小柄で痩せ型。まだ日が昇るか昇らないか、赤羽駅から始発が出る頃の午前4時ぐらいである。男はいつも大きなリュックサックをロッカーに入れて、駅の改札に消えていく。

「お兄さん、カバンの中身を見せてくれないかい」

何度も男の動きを確認したある日、私はバンをかけた。すると案の定、「なんで見せなきゃいけないんだ」と抵抗する。

まあ、見るだけだからさ。そんなに見せたくないものなのかい?

押し問答の末、ロッカーにしまおうとしていたリュックサックの中を検査することに成功した。すると、ドライバーなどの工具一式に、軍手や懐中電灯が詰まっている。

「ノビ師だな」とピンときた。

夜中や留守の家に忍《しの》び込む窃盗犯、こっそり忍び込むプロということで、警察の間では「ノビ師」と呼ばれる。カバンの中に入っていたのは、彼らが侵入のときに使う〝商売道具〟だ。この男は、道具を所持しているときに警察官から職務質問をかけられることや、万が一、警察が自宅に踏み込んでくる事態を想定して、証拠品である侵入道具をコインロッカーに預けていたのである。用意周到なノビ師だった。

捕まえてみてわかったことだが、その男には多数の余罪があった。おかげで盗犯係からも褒め言葉をもらい、1981(昭和56)年、警察に入って初めて、警視総監賞誉3級を受賞した。そして、署長の承認を得て、捜査講習への道が開かれたのだった。

それから座学で3か月間、捜査手法や書類の作成方法をみっちり叩き込まれる日々が始まった。

刑事への第一歩

教官が黒板に、両手で大きな模造紙を張り付けた。刑事を目指す若い警察官たちの視線が、白地に描かれた「巨大な眼」に注がれる。

「取り調べというのは、ここを見るんだ。ここを見て喋るんだぞ」

声を張り上げて、教官が巨大な瞳の中心を指さした。

取り調べの捜査講習の一幕である。相手が嘘をついているか、真実を話しているかは、瞳の動きを見ればわかる。この教えは、私の警察人生の鉄則の1つだ。

取り調べのとき、私は必ず相手の瞳だけを凝視して話すことにしている。瞳の動きは、相手の心の微細な揺れを表す。いままで落としたホシの中には口を固く閉ざす者や、反対にペラペラと嘘ばかりを並べ立てる者も少なくなかったが、質問に対して黙秘していても目玉は認否を語る。「そうだ」と肯《うべな》う言葉を、ホシ自身の瞳が嘘だと教えてくれたこともあった。だから、私は絶対に目を逸らさない。捜査講習で叩きこまれるのは、こうした「基本」だ。

泥棒を捕まえる方法――。たいていの窃盗犯は、ブツが欲しくて盗むのではない。そのブツを売り払って、現金に換えるために盗むのだ。まんまとブツをせしめた彼らは、質屋へ向かう。一方、質屋は盗品を扱うわけにはいかないので、自衛のために、質草を持ち込んだ者の身分証や、ブツの品番号を記録する。そんなわけで、質屋の台帳は宝の山だ。泥棒を探すなら、質屋を当たれ。

高額な時計やバッグを大量に持ち込んでいたり、明らかに不自然な取引をしている人物がいれば、品番号やその人間のヤサ（自宅）をメモに控えて、警察が持つ情報と照合する。例えば時計のシリアル番号が、警察に盗品として届け出のあるブツと一致すれば、こいつが窃盗犯ということになる。そこで、質屋に提示された身分証からヤサを洗っていく。

殺しなどの「強行犯」の捜査でも、大切なのは「基本」だ。強盗や殺しは、とにかく現場を大事にしろ。現場には証拠がたくさん残っている。現場の入り方、指紋の取り方を、実地指導を交えて教わった。

逮捕状（フダ）や捜索差押《そうさくさしおさえ》許可状（ガサ状）などの令状を請求する際の書類にも作成のルールがある。指紋の照合はどこでやり、いかにしてホシの自宅を割るか。自宅が割れなかったら、どう探すか。ここでの経験は、後に「機捜《きそう》（機動捜査隊）」に配置されてから大いに役立った。

それから、誰かの後を尾《つ》ける訓練もある。意外に思われるかもしれないが、尾行のコツは「堂々とする」ことだ。いざ現場で尾行をやってみると、慣れないうちは「バレているんじゃないか」「目が合ったから勘づかれたんじゃないか」と不安になることもある。すこしでも相手が振り返ったら、びっくりして物陰に隠れたりしてしまう。

コソコソするのは、かえって相手の警戒心を強めるだけだ。堂々としていれば、何も怪しまれない。途中でもし近づきすぎてぶつかったりしたら、別の人間に交代できるよう、尾行は複数人でおこなうのがよい。警戒している者の中には、尾行に気付いて「お前、ついてきているだろ」と、こちらに「バンをかけてくる」者もいる。そのときも、オロオロしていては気付かれる。堂々と否定すれば、手も足もでないのである。

捜査講習を済ませた警察官は、必ず一度、留置《りゅうち》係を任される。留置係とは留置場を担当する係、いわゆる「看守《かんしゅ》」のことだ。警察署内の監房である留置場には、警察が逮捕した被疑者が、検察に起訴されるまでの間、拘束されている。喧嘩でパクられた組員や酔っ払いなど、雑多な人種がそこにいて、長い者は20日以上留置されることもある。

看守は刑事にとって、意外な登竜門である。

看守と聞けば、いっけん地味な仕事と思われるかもしれない。しかし、留置場には一日中、被疑者が寝泊まりしているので、看守は日がな、被疑者を観察することができる。

留置場では、1つの監房に5、6人の被疑者が収容されている。朝7時に起床、布団を片付け、部屋を掃除する。その後、「運動」として15分ほど、警察署の敷地内で外の空気を吸える時間がある。監房は禁煙だが、運動の時間にタバコを吸うことができる。8時に朝食。検事による取り調べがある者は朝食後に監房から出され、バスで検察に移送される。それ以外はそのまま監房の中で本を読むなり、じっとするしかない。12時に昼食、夕方頃に検察で検事調べを受けた者が返ってきて、17時に夕食をとる。被疑者には冬場は週に1回、夏場は週に2回、日中に風呂が許される。

看守と、監房の被疑者は一日中、一緒だ。検察への移送や刑事による被疑者への取り調べがあると、被疑者を監房から出し入れしなければならないし、朝晩の食事を出したり、風呂や朝の運動などの世話をする。

従順な被疑者ばかりなら苦労はしないが、反抗的な態度を取り続ける者もいる。極東会系の組長は、朝食で出された味噌汁を「こんなマズいもんが食えるか！」と用務員にぶちまけた。こういう者は、独居房に収容されることになる。

覚せい剤の所持・使用で逮捕された被疑者が、禁断症状で苦しんでいる姿も目の当たりにした。「壁に虫が這《は》っている」と留置場のコンクリートの壁をガリガリと掻きむしっているぐらいなら、まだマシな方だ。当時、赤羽署の留置場はトイレが別室にあったため、被疑者が用をたす際には、監房から出さねばならない。とある覚せい剤絡みの事件の被疑者を監房から出したところ、突然、切りかかるような姿勢で襲い掛かってきた。日本刀を持っているという幻覚を見ていたようだ。暴れる中毒者を必死で押さえつけながら、「覚せい剤は人間をかくもダメにするのか」という思いを強くした。

このように被疑者と長時間向き合う機会は、警察のほかの業務では滅多に得られない。たとえば交番勤務なら、路上でバンをかけて、犯罪を白状させて、後は留置するだけ。

被疑者と接するのは、1日の間のほんのわずかな時間に限られる。嫌気がさしても被疑者と長時間向き合い続ける留置係の経験は、貴重だった。

後にマル暴刑事として暴力団組員と対峙したとき、彼らの気持ちの隙間を見つけることができたのは、看守時代の経験によるところも多いのである。

念願のデビュー

1982（昭和57）年12月、私は捜査講習と留置係を経て、強盗や殺しなどを扱う強行犯係に配属された。念願の暴力犯係に配属されたのはそれから半年後、25歳のときである。

憧れの先輩方を見習って、まずはファッションからデビューした。いかついダブルのスーツを新調し、クロコダイルのセカンドバッグに、クロコダイルの幅広ベルトも購入、髪にはパンチパーマをあてた。

それから、警察官としての世界が一変した。

赤羽署のマル暴の先輩刑事のガサ入れに同行し、組事務所に踏み込むと「おう。お前、新米か」とヤクザから声がかかる。私服で街中で会っても、顔を見知ったヤクザから、「あ、この間のガサの…。お疲れ様です」となる。交番勤務では「何だ、オマワリ」とナメきった態度だったのが、一変した。

当時の暴力団にはまだ「経済ヤクザ」は少なく、大半の暴力団は賭博や、縄張り内の風俗店や飲食店から得るみかじめ料、覚せい剤の売買といった、戦後の混乱期から続く伝統的・土着的な経済活動をメインとしていた。

暴力団は、その歴史的な発生形態から、博徒《ばくと》、的屋《テキヤ》、愚連隊の3つに大きく分けられる。

博徒は、縄張り内の賭場《とば》の胴元としてテラ銭を得てきたヤクザ集団を起源とし、稲川会、住吉会などの関東の有力組織がこれにあたる。

的屋とは、地域の祭りや縁日に出店《でみせ》を出していた行商を起源とする。東京では極東会が最大勢力を誇っていた。博徒は縄張りを「シマ」と呼ぶのに対し、的屋は「庭場《ニワバ》」と呼ぶなど、随所に文化的な違いもある。愚連隊は地域の不良グループの集まりで、博徒、的屋などの組織の傘下に収まっていることも多い。

東京でみかじめ料をシノギとするのは、稲川会か住吉会の博徒系組織と相場は決まっていた。しかし、当時の赤羽では若干事情が異なっていた。的屋である極東会の力が強く、本来は博徒のシノギであるパチンコ店の利権の一部を、極東会が仕切っていたのだ。

もちろん赤羽にも稲川会系の組は存在していた。そのため、彼らは面白くない。本来、俺たち博徒のシノギをなんで的屋の連中がやってんだ——極東会が面倒をみるパチンコ店に、稲川会の若い衆が殴り込みをかけたり、ガラスや窓を割るといった、小競り合いが相次いでいたのである。

さらに稲川会、住吉会、極東会からも独立した、愚連隊から派生した組織「関東林組連合会」も当時の赤羽で縄張りを広げていた。赤羽は、的屋、博徒、愚連隊が三つ巴で利権を争い、そこに中国系、韓国系マフィアまで入り乱れる混沌とした街だった。

刑事として独り立ちした頃に手掛けた事件として印象に残っているのが、稲川会系の組員による赤羽のキャバレーに対する威力業務妨害事件だ。

キャバレーへのみかじめ料強要事件

その日、私は宿直勤務だった。刑事には6日に一度の泊まり勤務があり、夕方5時15分から翌朝8時30分まで署で待機し、事件に備える。私が所属する暴力犯係だけでなく、刑

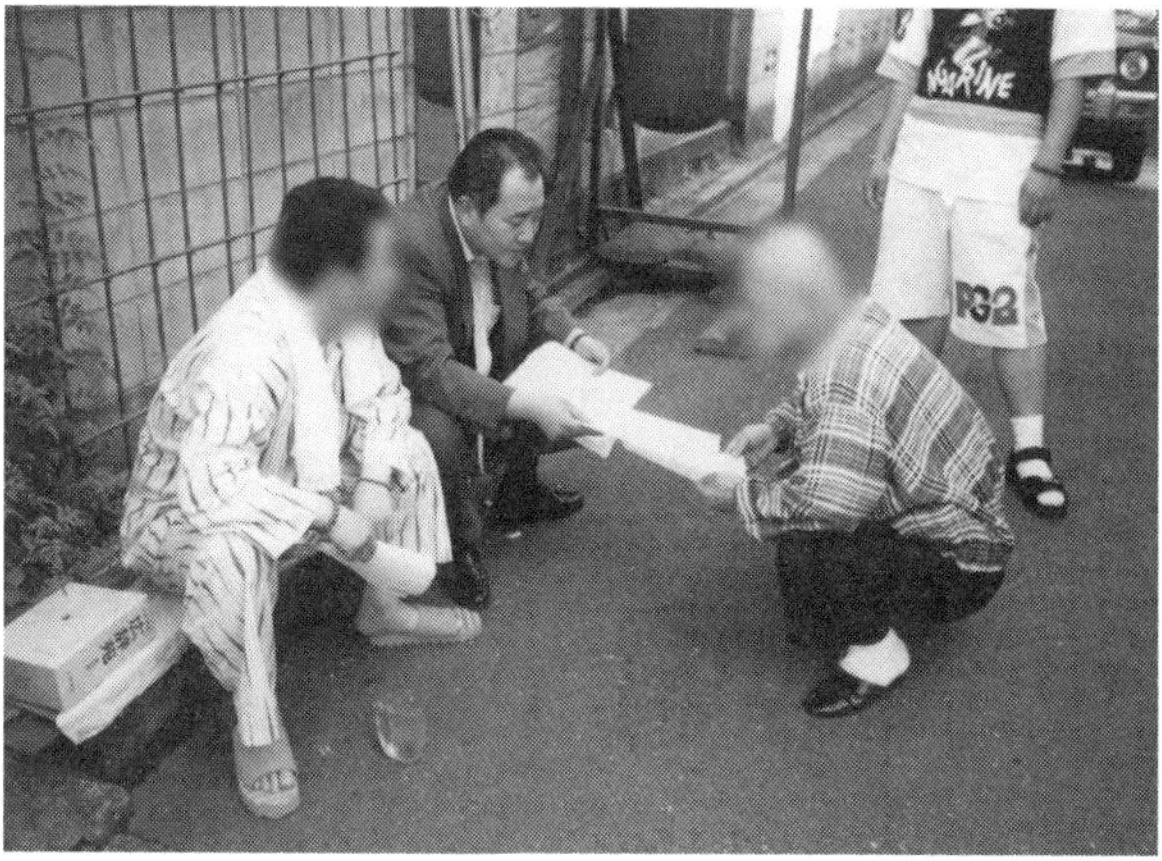

組事務所前で組員に暴対法による行政命令をわたす
(2002年、左から２人目が筆者)

事課のほかの係や、公安課、警務課、交通課など、ほかのセクションの警察官もそれぞれ担当者が泊まり込んでいた。

夜10時を回った頃だ。赤羽の歓楽街が和気あいあいとした喧騒から、妖しげな「夜の街」の顔を覗かせつつある時間である。

刑事課の電話が鳴った。最近、警察学校からの卒業後の配置で交番勤務になった独身寮の後輩からだ。

「いま、赤羽のキャバレーに、暴力団員風の男たち数名が〝チョッキ〟を着て集合しているという情報です。何か揉め事のようです」

「わかった。俺もすぐ行くから、お前もす

ぐ現場に向かってくれ」

受話器を叩きつけ、私も夜の繁華街に飛び出した。所轄の泊まり勤務の動き方は、だいたいこんな風だった。

現場のキャバレーはすぐにわかった。稲穂の代紋と「稲川会」という文字が金糸で縫い付けられた白地のチョッキを着た男たちが6人ほど、街の一角にたむろしている。すぐそばに、後輩の制服警官が立っていた。

集団のひとりにバンをかけた。

「マル暴だけど、お前ら、そこで何やってんだ」

「何もしてないよ。ただの地回《じまわ》りさ」

シラを切っているのは明らかだった。すこし前まで、キャバレーのドアの前に立ちふさがって、店に入ろうとする客や通行人に、「この店は女がいねぇよ」「この店はもう終わり！　潰れたから、帰れ帰れ」と営業妨害していたはずだが、警察官が到着する前に、離れた場所に移動したのだ。営業妨害を現認されないように、連中なりに用心したのだろう。

「お前ら、こんなところでたむろしたらダメだ。早く帰れ」

私は連中を解散させた。

それから、被害に遭ったキャバレーの店主に話を聞いた。

「実は、みかじめ料を要求されていて……。ずっとそれを断っていたのですが、そしたら今日、こんな嫌がらせをしにきたんです」

額縁に入った絵を貸し出すという名目で、毎月3万円の支払いを要求されていたという。赤羽駅周辺のキャバレーやスナック、風俗店は当時、200店舗は超えていた。約半分が毎月3万円のみかじめ料を払っていたとしても、毎月300万円の稼ぎになる。1980年代後半の高卒の初任給が10万円ちょっとだったことを考えると、大金だ。このシノギだけで、何十人もの組員を食わせることができるだろう。

キャバレーの店主はまだ30代と若く、細身ながら、稲川会系組織へのみかじめ料を拒否するほど肝が据わっていた。実際、連中には客を何組か追い返されるなど、店側は実害も受けていたのである。

組織の代紋が入ったチョッキを着て、そうした行動を取っている時点で、暴力団の看板を利用した威力業務妨害事件になる。その場で警察に被害届を出すように説得した。

「いや、警察は結構ですよ。後でどうなるか……」と怖気づく店主を、「これは実害の出ている事件なんです。もし事件にしなかったら、遅かれ早かれ、いずれはみかじめ料を払うことになりますよ。今日、店が終わったらすぐ警察署にきてください」と談《だん》じ込んだ。

この頃は、暴力団対策法（暴《ぼう》対《たい》法《ほう》、92年施行）ができる前で、いまほど暴力団との関係がタブー視されていたわけではない。しかし、夜の街で働くキャバレー店主といえども、ヤクザとは関わり合いを持ちたくないのが本音だった。警察が出てくれば、さらに厄介だ。

そういうカタギに対して、組員がほのめかす常套手段が「お礼参り」である。事件で服役して、出所した後に、「あのときはやってくれたじゃねぇか」と、派手に報復すること。それを恐れて一般の方は、警察への協力を躊躇するのだ。

実際のところは、ヤクザだってせっかく社会復帰したのに「お礼参り」ですぐ刑務所に逆戻りでは割に合わないと思っている。私の経験上、ヤクザが「お礼参り」の復讐をすることはめったにない。限りなくゼロに近いと言っていい。被害届を出すような店には、ヤクザだってもう関わりたくない、というのが本音なのだ。「お礼参りは警察の威信をかけて絶対に阻止します」とキャバレーの店主を説得し、ようやく被害届を受け取った。

さて、これを威力業務妨害事件として立件するためには、最初のステップとして、その場にいた組員を特定しなければならない。当時は防犯カメラがなかったので、目撃者たちからヤクザの風体の特徴を聞き回り、最終的に名前まで割り出す。

地道な作業だが、その時代らしいアナログで便利なものもあった。各署の暴力犯係が手作業でつくった「写真帳」だ。いまでいうデータベースみたいなもので、管内の暴力団組員の顔写真と名前がまとまっている。この赤羽署の写真帳を被害者や目撃者に見せたところ、現場にいたヤクザのうち、3人の名前を割り出すことができた。

翌朝、係長に報告したところ、「いい事件じゃないか。まとめてみろ」と、ゴーサインが出た。被害者からの事情聴取と並行し、業務妨害の目撃証言を集める。近隣のバーやキャバレー、飲食店の店主やスタッフだけなく、街角に立って商売をしていた女性にまで、片っ端から目撃証言を集め、およそ2週間で、ヤクザ3人の逮捕状を取った。

当時のホシ取り（被疑者を逮捕すること）は、現在に比べるとのんびりしたものだった。組事務所が開いた後の午前10時頃、係長と私を合わせた5、6人で出向き、インターフォンを鳴らす。応対に出てきた組員に「赤羽署のマル暴だ」と告げ、捜索差押許可状（ガサ状）を示してガサに入った。

組事務所に入ると、テレビの前でたむろしていたり、雑用をしている組員たちが一斉に振り返った。ホシの顔は頭に入っているので、「こいつとあいつと……」とすぐ見当がついた。さしたる抵抗もなく、事務所内でホシの組員を、「あ、いたいた」と見つけて逮捕。事務所では、当日使われた刺繍入りのチョッキも押収し、名前が不明だった残りの3人も逮捕した。一件の威力業務妨害事件で、総勢6人のヤクザを逮捕できたのは上々だ。

被害者（キャバレーの店主）から事件後、すみやかに被害届を取れたことが、早期の事件解決につながったことは強調しておきたい。もしあのとき、すぐに店主を説得できず、数日でも遅らせていれば、時間の経過と共に「やっぱり警察に言うのはやめておくか」と気持ちが固まってしまったかもしれない。

この事件の経験を通じて、私は、暴力団事件においては被害者に対する説得こそが、事件の早期解決への道であることを学んだ。

「機捜」に配属

赤羽署で11年勤務した後、私は警視庁の「第2機動捜査隊」に配属された。機動捜査隊（機捜）は、警視庁刑事部をサポートする専門部隊だ。その前身は殺人事件を担当する警視庁捜査一課の「初動捜査班」で、文字通り、事件発生後、いち早く現場に駆け付けて、初動捜査をサポートする。

何らかの事件が起こり、目撃者や被害者が110番通報すると、まず警視庁の通信指令本部が内容を聞き、所轄警察署に案件が下ろされる。さらに、近隣を警《けい》ら中の警察官や、案件の性質によっては、しかるべき部署の刑事が現場に駆け付けることになる。

中でも殺人や強盗といった捜査一課が扱う事件では、まだ犯人が現場近くに隠れていたり、突発的に犯罪に手を染めてしまった者が途方に暮れてヤサに残っていたりする可能性がある。その場合、容疑者のヤサさえ突き止めれば、発生後、早期にホシを挙げることができる。一課系の事件は、スピード勝負なのだ。そして、機捜はその種の初動捜査に特化した専門部隊である。もし所轄が必要と判断したら、無線連絡を受けた機捜が現場に急行し、できるだけ早期に犯人の逮捕を目指す。

警視庁の機捜は主に方面別に3部隊を備えており、第1機動捜査隊は丸の内、蒲田、上野から東側。第3機動捜査隊は武蔵野や三鷹など、三多摩地区をあずかっている。中でも、第2機動捜査隊は多忙を極めるといっていい。渋谷、新宿、池袋などの繁華街での凶悪事件を抱えているからだ。

機捜の日常はあわただしい。

事件が起こると、泊まり込んでいるそれぞれの分駐所の拠点から即座に現場に急行する。多くの場合、最初に事件現場に入るのは鑑識《かんしき》だ。彼らが、現場に残された証拠を保全する。しかし、もし機捜が先に現場に到着した場合、それもイケイケのとっぽい刑事だった場合は、現場で鑑識班を待つようなマネはしない。ホシに繋がる物証をガサゴソと探し回って、証拠資料をメモしてしまうことさえある。

ドタバタと現場を踏み荒らすことから、機捜隊のことを「ニワトリ」といって嫌悪する鑑識班もいたが、別の考え方もある。事件発生から時間が経過してしまい、捕まえられるはずのホシに飛ばれては元も子もない。ホシさえ取ってくれれば何でもあり。警察官も、それぞれの領分において一枚岩ではないのである。

1988（昭和63）年秋頃、新宿のホテトル嬢が血だらけになって見つかった事件があった。そのとき、鑑識班より早く到着した第2機捜隊は、部屋の中を物色し、名刺ケースやポケベルなど、被害者の交友関係を示すブツ（証拠資料）を探し出した。名刺や、現代でいえば携帯電話があれば有力な証拠資料となるので、見逃せない。

この事件で現場に一番乗りした我々は、被害者の名刺ケースにしまわれていた名刺の一番上の人物の連絡先を控えた。名刺の束の一番上は、被害者が事件直前に会った人物である可能性が高いと思われるからだ。すぐさま名刺の男の住所を割り出し、急行した。

住所に到着すると、名刺の男は留守。しばらく近くで張り込んでいると、男が帰ってきた。家の前でバンをかけ、任同（任意同行）をかけた。素直に従ったので、取調室でアリバイを追及したところ、あっさり落ちたのであった。

隊長に「ホシが割れました」と報告すると、「よくやった」と喜んでいたが、この事件で捜査に乗り出していた警視庁本部の捜査一課の刑事は「何を勝手に割ってくれてるんだよ」と悔しがっていた。

機捜はいかに早くホシにたどり着けるかが勝負だ。現場からホシに繋がる〝細い糸〟を見つけ出す発想は、捜査感覚、捜査センスを磨かないと得られない。ただ単に急いで現場に行っても、何を見ていいかわからない。女性が殺されているからといって、イコール怨恨は、早とちり。物取りが出合いがしらに殺したという線もある。これを現場の様子からとっさに判断するのが、捜査感覚なのだ。

機捜隊員になれば、否応なく凶悪事件の現場に駆り出され、その中で捜査感覚を養える。事件があるとバタバタと忙しく動き回るが、平時は待機時間が長い。事件を待っている間に昇任試験の勉学に励むか、ゴルフの腕を上げるか。待機時間の使い方で、その先のキャリアが変わってくるのも、機捜の特徴といえるかもしれない。

ヤクザのベッドタウン、戸塚署

1991(平成3)年、私は機動捜査隊に所属していた期間の勉学が功を奏して、昇任試験に合格。巡査部長として、警視庁戸塚署の暴力犯係に昇任配置された。

この年、警察の暴力団捜査は歴史的な転換点を迎えた。

山口組の勢力拡大や、暴力団勢力の政財界への侵出、そして経済ヤクザの巨大化に対抗して、「暴力団員による不当な行為の防止等に関する法律」、通称「暴対法」が成立(翌年施行）したのだ。それまでは暴力団が絡む犯罪であっても、建前上は一般人と同じ法律により捜査していた。しかし、暴対法により、暴力団員なら迅速かつ厳格に取り締まることができるようになった。

さらに、警視庁に従来の四課に加え、「暴力団対策課」が新設された。暴対法を適用する暴力団員の指定や、ヤクザ組織に属してはいないものの総会屋など経済ヤクザの特殊知能暴力に対応するための新セクションである。

暴力団社会は暴対法に対して、違憲訴訟をぶつけるなど表舞台で抵抗。91年8月には赤坂の高級料亭で山口組などの首脳が集ういわゆる〝ヤクザ・サミット〟が開催された。ヤクザ同士も、血なまぐさい抗争は過去のものとして「平和共存」をアピールしていた。

むろん、弱肉強食の暴力団社会で「平和共存」など絵にかいた餅である。同じ頃、関東では山口組の東京進出に絡む抗争事件が頻発し、現場には緊張感が漂っていた。

私が赴任した戸塚署管内は、ヤクザにとってさしずめ「ベッドタウン」のような場所である。新宿、池袋という大歓楽街に挟まれながら、穏やかな住宅街が広がる、ヤクザにとっては住みよい環境だ。さまざまな暴力団勢力が拮抗していた赤羽に比して、当時の戸塚署管内は住吉会が支配的で、小競り合いのような事件は少なかった。それでも印象深い事件はある。

この頃の警察は「けん銃摘発」に総力を挙げていた。

90年1月、右翼団体の幹部が長崎市長を銃撃する殺人未遂事件が発生。92年には当時の自民党副総裁だった金丸信代議士がこれも右翼団体に銃撃された。95年には、警察のトップである國松孝次・警察庁長官が狙撃される事件が起き、世間を震撼させた。

93年、警視庁は相次ぐ銃撃事件に対して銃器対策室を新設して、「平成の刀狩り」とも言われる大規模なけん銃摘発に乗り出した。その結果、90年前後には1000丁程度だったけん銃の摘発件数が年々増加し、銃器対策室設置後の94年には1700丁を超えた。

我々マル暴にも、けん銃摘発の大きな期待と発破がかけられていた。内輪のキャッチフレーズは、「けん銃1丁、組員30人分」。1丁のけん銃は、組員30人の戦闘力に匹敵するから、これを挙げろというわけだ。

チャリされた、マブのチャカ

そんな折、空から突然、けん銃が降ってきた。

1993年（平成5）年6月の晴れた日、文字通り、本当に落ちてきたのだ。昼時を前にして、110番指令台から戸塚署のリモコン担当者を通じ、暴力犯係に連絡があった。

「空からけん銃が落ちてきた、との通報あり。場所は、新宿区落合のコンビニで……」

指令台からの指示は、警察無線をつけているすべての警察官が聞いている。この瞬間、管内の警察官は、全員一斉に宙《そら》を仰いだのではないだろうか。

そりゃないだろう、と思いながら、私は相棒の刑事と共に、車で現場へ急行した。

現場にはすでに制服警官数名とパトカーが到着していた。戸塚署のマル暴と名乗って状況を聞くと、コンビニの店員は恐る恐る「そこを見てください」と店の外を指さした。店舗の脇に、商品を運搬するトレーが重ねてある。その上に、黒い塊。近くでよく見ると、トカレフのような自動式けん銃だった。トレーは落下の衝撃でひび割れていた。

おまけに、弾倉には実弾が装塡されていた。無線で「ギョク（実弾）付きのマブ（けん銃）」の報告を受けた戸塚署の刑事課長は「それ本当かよ」と色めき立った。

だが、けん銃を拾っただけではまったく意味はない。

コンビニの上を見上げると、10階建てのマンション。マンションの1階にコンビニ店舗があるタイプの建物だ。そうか。私はピンときた。

けん銃は、雨のようには降らない。

このマンションの、上の部屋に住む何者かが投げ捨てたのだ。そう直感したので、すぐに集まっていた制服警官を解散させ、パトカーにも現場から立ち去るよう指示を出した。けん銃の持ち主は、様子をうかがいつつ、必ずチャリした（投げ捨てた）現場に戻ってくるだろう。そのとき、警察が集まっていたら警戒してガラをかわす（身柄を隠す）かもしれない。現場に戻ってくるのを待ち伏せるためには、制服警官やパトカーがいたらまずい。

コンビニのバックヤードに私服の捜査員を潜ませておくと同時に、戸塚署のマル暴ではこのマンションにヤクザが住んでいるかを急ぎで調査した。その結果、マンションに住吉会系の組幹部が住んでいることがわかった。

と、ここで意外な情報が飛び込んできた。

実はその日の朝、別の所轄の生活保安課銃器係が、そのヤクザの自宅をガサ入れしたというのである。けん銃を所持していることが疑われる相当な証拠などがある場合、裁判官から捜索差押許可状（ガサ状）を出してもらい、強制的に捜索できる。おそらく朝にガサ入れにきた銃器係は証拠を摑み、満を持して踏み込んだのだろう。

ところが、ドア越しのチャイムに警察のガサだと悟った組員は、発見を逃れるために、慌ててけん銃などの〝ヤバいブツ〟を窓から放った。

マル暴のガサ入れでは、捜査対象が窓から逃げ出したり、ブツを投げ捨てないように、マンションの下に見張りを立たせる。しかし、迂闊にもその署の銃器係は、全員が部屋に上がってガサ入れに参加してしまい、マンション下に捜査員を立たせていなかったのだ。

この失態は、戸塚署からすれば棚ボタである。今朝ガサ入れをしたほかの署には、住人のヤクザがけん銃を持っていることを裏付ける捜査資料が残っているはずなので、再度、戸塚署が捜索差押許可状をもらうのは造作もない。彼らが、自分たちの捜査の落ち度に気付いたところで、探していたけん銃は我々がすでに押収している。時すでに遅し。

現場の捜査員が引き揚げた直後、コンビニの店長から、ヤクザ風の男が「今日、何か落ちてこなかったか」と尋ねてきた、と通報があった。店長が気を利かせて「何もありませんでしたよ」としらばっくれたところ、その男はコンビニの周辺をキョロキョロと探し回っていたという。

「実は今朝、そちらの署でガサ入れしたマンションの部屋の下にけん銃が落ちてきたんですよ。多分、野郎（持ち主のヤクザ）がチャリ（投げ捨て）したんだと思うんですけど、もううち（戸塚署）で押さえて、鑑定にも出しているんです。それで、そちらの署で令状請求をした証拠資料をいただきたいんですが……」

ガサ入れをした警察署に証拠資料を取りに行って事情を話すと、保安課の刑事は「え、まさか」と絶句するばかりだった。その後、夕方までにガサ状を取ると、私と捜査員たちはマンションに向かった。

「戸塚署だ」

ドア越しに名乗ると、20代くらいの女と、その奥にハイハイしている子供が見えた。今朝、ほかの署のガサ入れがあったばかりだから、さしたる驚きもなさそうだった。

「なに？」

女が、気怠そうな様子で言った。

「野郎はいる？」

「いま、出かけてますけど」

「あっそう。今日、ガサ来たでしょ？」

「来ましたよ」

「そのことで話があるんですよ。いまから署に来てくれますか」

私は、女と子供を戸塚署に任意同行した。もし、その場で「チャカをチャリしたでしょ？」と言っても、否定されては捜査が終わってしまう。とりあえず任意同行して、最終的には、持ち主のヤクザを署に引き込む。

子供は女警《じょけい》（婦人警官）に見てもらいながら、女のほうを取り調べた。

「今日の朝、お前のオヤジ、窓からなんか放り投げただろう」

「なんのことですか？　何も捨ててないですよ」

「そんなことないだろ、お前！　こっちはブツを押さえてんだぞ」

当初はこちらの調べにのらりくらり、シラを切っていたが、一喝し、ブツを押さえていることを明かすと、女はすぐに吐いた。

「捨ててました」

「何捨てたんだよ」

「チャカです……」

「チャカだけじゃないだろ？」

実は、現場周辺の捜査で注射器と覚せい剤も発見していたのだ。

「……シャブも注射器も捨てました」

取り調べ開始から30分も経たず、女は完落ちした。

「奥さん、こんなことでどうすんだよ。子供もまだ小さいじゃないか」

「……」

この沈黙こそ、畳みかけるタイミングだ。

「お前、このまま旦那を庇ってたら、パクられて、長い懲役に行くことになるよ。子供は誰が育てるんだ。それでもいいのかい？」

いまの時代なら、「自白強要」などと問題になるだろうが、こちらも必死だ。女にしゃべらせないと、けん銃と覚せい剤の本当の持ち主であるヤクザを捕まえられない。

ようやく「うちの旦那が捨てました」と認めたところで、旦那に電話させた。

女が「私だけど」と名乗り、男が応じた瞬間、私が電話に出る。

「戸塚署のマル暴だ。今日のガサの件で、奥さんに来てもらってるんだよ」

「なんですか？　それ」

「チャカとシャブをチャリしただろ」

「何の話ですか」

抵抗する姿勢を見せたが、組幹部といっても、まだ20代前半の若い男である。こちらが本気を見せても突っ張れるか。

「わかった。じゃあ、お前、別に来なくていいよ。こっちには奥さんがいるから。お前の罪、奥さんにしょわすんだな。お前がそうなら、それでいいよ」

「ちょっと待ってくれ！　しょうがないな……、俺が出ていくよ」

男はしぶしぶ、戸塚署に出頭してきた。

この事件は、私からすれば棚ボタだが、当初ガサ入れをしていたほかの所轄にとっては手痛いミスだった。同じ警視庁管内なのに、所轄同士で情報共有もできていないのか？

実は、そうなのだ。

逃亡犯などの緊急事態は例外として、事件はネタを摑んだ刑事のものだ。容疑者が警視庁のほかの署の管轄内に住んでいるからといって、わざわざ所轄に電話して「おたくのドコドコにこんな野郎がいましてて」などと教えてやることはない。ましてや、ガサを事前に管轄の署に報告するなど、特別な事情がない限り絶対にあり得ないのである。

日本最大の警察署

戸塚署で4年間、暴力犯係を務めた私は、新設された警視庁本部の暴力団対策課に異動した。その後、警部補として駒込署、警部に昇任してからは渋谷署で、一貫してマル暴としてのキャリアを歩み、警視庁本部の組対四課《ソタイヨンカ》で係長を5年間務めた。

そして警視に昇任し、2014年（平成26年）2月、新宿署の組対課長に着任した。

新宿署は日本最大の警察署である。700人からなる署員を抱え、警部以上の幹部も30人以上。管内の110番の件数は1日に約2000件もある。署長は警視庁管内で最も優秀かつ、人格的に優れた者が配置されている。

これはアジア最大の歓楽街、新宿歌舞伎町を抱えていることが大きい。その歌舞伎町は出入りする人の数も、全国の繁華街で群を抜いて多い。歌舞伎町だけで飲食店（風俗営業含む）が約2000店営業している。

歌舞伎町は、文字通り「眠らない町」で、夜中の2時、3時でも昼間と変わらないくらい人が多い。朝の7時半に、キャバクラでの喧嘩の通報が入るような街だ。多い時で1分に3件、喧嘩の通報がある。

歌舞伎町では、よく交番から「パンクです」と泣きが入る。歌舞伎町交番内には常時、15人ほどの地域係の警察官が巡回しているが、うち4人くらいは交番に詰めていなければいけない。ところが通報が多すぎると手が回らなくなり、交番を守れる警察官が足りず、「パンク」すると言う。

新宿署が日本一の警察署であることの理由はほかにもある。1年間の逮捕者の数が第2位の警察署をはるかに超えて多い。さらに、逮捕状の請求数、捜索差押許可状の請求数も同様だ。各種令状の請求数は、ほかの警察署では多くても月に数百件だが、新宿では常に1000件を超える。

新宿では、バンをかけた相手が覚せい剤やけん銃など、危ないモノを所持していることが多い。そういう連中は大抵、「所持品検査は任意なので拒否する」と抵抗してくる。頑張って説得を続けても、車の中に籠城したりする。これを我々は「亀の子」と呼ぶ。

新宿署や渋谷署の警察官は「亀の子」に慣れている。相手が任意だと拒否するならば、早期に裁判所に捜索差押許可状を請求し、令状を取ってきてしまう。逮捕状やガサ状の請求簿冊は刑事課、組対課、生安課にそれぞれ備え付けてあり、すべてにおいて最大の体制を整えているのだ。

警視庁では、組織犯罪対策部の中にそれぞれの専門分野に応じたセクションがある。まず組対一課は、マネーロンダリング犯罪、不法就労などの外国人の組織犯罪全般を取り扱っている。組対二課は外国人絡みの殺しといった事件全般。組対三課、四課は暴力団関連事案。五課で銃器・薬物を取り扱っている。

通常の警察署では、外国人犯罪やマル暴、銃器、薬物を含めて、組対課の捜査員が一手に受け持つが、新宿署では、本部の各課に相当する部署が設けられており、さながら、一つの警察本部の様相を呈している。組対課の総勢は70人にも上る。

歌舞伎町の日々

新宿署の朝は早い。

朝7時、新宿署の事務室には刑事課、組対課、交通課、生安課、警備課など主要な課長クラスが10名弱集まる。前日の夕方から朝までにあった110番について、その処理状況をチェックするためだ。110番の種類はさまざまではあるが、刑事課長や組対課長は、特に事件性の高い事案を重点的に確認している。

歌舞伎町で起こる事件のメインは、外国人の万引きやヤクザ者の絡んだ喧嘩、ゴタ（さまざまなトラブル）、薬物使用者の錯乱暴れである。110番通報を受けての現行犯逮捕が多い。なので、110番処理のチェックには、まず逮捕者が何人出ているかを確認し、逮捕自体が適正か判断していくのである。

逆に、110番を受けて新宿署員が現場に駆けつけているのに、何もせず帰ってくるのは納得できない。ヤクザが絡む喧嘩の通報を受けて、新宿署の組対係が出動しているのに、その場で言いくるめられたのか、逮捕者がいない場合、「なんでこの案件、ヤクザが暴れたのに逮捕してないのか」と、その場にマル暴の係長を呼び出して、「お前、寿司屋の親父か！　なんで現象事案なのに、握ったんだ」と喝を食らわすこともあった。「握る」とは、「丸め込まれて事件化しない」という意味だ。なぜできるのに、しないのか。

単純なサボリだ。

どんな些細な事案でも、事件化するためには相応の労力と手間がかかる。そのため、積極性のない捜査員が事件化を嫌がる傾向にあることは否めない。朝の110番チェックの場は、そういう意味でいつも緊張感に包まれていた。

私もよく現場に出ていた。

自動車警ら隊（自《じ》ら隊）が歌舞伎町でヤクザにバンをかけたところ、ヤクザは「亀の子」状態で動かないだけでなく、組長を呼び出してしまった。自動車警ら隊は機捜隊と同じ警視庁本部の執行隊で、常に都内を巡回している。テレビ番組の「警察24時」でもしばしば取り上げられている職務質問のプロである。

組長の加勢を受け、自ら隊は所轄の新宿署に応援を要請。ちょうど私は、歌舞伎町で発生した火事の現場を臨場指揮したところだったので、「ついでに寄っていくか」となった。

現場に駆け付けると、自ら隊の隊員がヤクザの組長と押し問答をしている。そこで、「組対の課長だけどさ」と割って入ると、組長も目を剝いて「課長がきたんじゃしょうがねぇ」と観念した。「後の面倒ちゃんと見てくれよ」と我々に告げると、亀の子で頑張っていた組員が所持品検査に応じ、覚せい剤が出てきた。

外国人の万引きに次いで多かったのがぼったくりの通報だ。この頃、歌舞伎町ではぼったくりが相次いでおり、ひどいときは歌舞伎町の交番に〝被害者〟の行列ができた。

大体の場合、酔っぱらった人が歌舞伎町の路上で、客引きに「3000円ぽっきり」と聞こえの良い誘い文句を吹き込まれて、お店に案内されてくる。客席に座るやいなや、両隣りに座った女の子が、お構いなしにガンガンお酒を注文して飲んで、いつの間にか30万円くらい請求されていた、というパターン。

最初に声を掛けた客引きはどこかにトンズラしているので、「3000円って聞いたぞ」と言ってもムダだ。お店の料金明細票には、小さく「女性のドリンクは1杯1万円」などと書いてあるので、強気に出てくる。客が抗議すると、店側から「じゃあ、警察行きますか」と開き直るのだ。交番の警察官も、暴力事件が起きているなら介入できるが、ぼったくりのトラブルは原則的に民事なので介入できない。

ぼったくりを巡っては、２０００（平成12）年に東京都が「ぼったくり防止条例」というものを制定し、繁華街を持つ自治体で施行されている。「料金等の表示義務」「不当な勧誘等の禁止」「不当な取立ての禁止」などを定めているが、10年以上経ったいまも歌舞伎町にキャッチが絶えないのは、条例が有名無実化しているからではないか。

警察では、ぼったくりは生活安全課で対応することとなっている。だが、往々にして背景には暴力団が控えている。町のキャッチは店に雇われた不良が少なくなく、店がヤクザにみかじめ料を払っているのだ。いわゆる「ケツ持ち」である。

歌舞伎町にはヤクザも飲みに来る。もし、暴力団員と知らずに店に入れた客が暴力沙汰を起こしたら、カタギのキャッチや黒服では太刀打ちができない。そのため、万が一のためにヤクザにケツ持ちをお願いしておく。この事情はぼったくり店だけでなく、普通のキャバクラ店も同じである。また、ぼったくり店ではカタギの客が高い料金にゴネることもありえる。そういうときは店に駆け付けてもらい、組の名刺は出さなくとも、その場にいるだけで威圧感を与えることができる。

歌舞伎町のぼったくり店は、例えばこの地区は○○組、という具合に決まっているわけではなく、店によってケツ持ちをしている組がバラバラだった。

例えば1つの飲食ビルで、同じフロアの401号室は住吉会、402号室は稲川会、403号室は山口組、ということもありえる。

一方、キャッチ同士では、街の通りによって、一種の自治が行われている。

歌舞伎町は、靖国通りから北上する形で、一番街通り、中央通り、さくら通り、東通り、区役所通りが延びている。その周辺に数多くの飲食店が出店しているため、キャッチもこれらの通りに立っている。そして、通りによって、キャッチのグループは微妙に違う。これは南北に延びる通りだけでなく、東西に延びている通りでも同様だ。キャッチによって動けるエリアが決まっているのだ。

あまり大きな声で言えることではないが、警察官には酒好きが多い。一度ぐらいは歌舞伎町でハメを外してみたい気持ちでもあるのか、時折、地方の警察官でぼったくりの被害に遭う者が現れる。ある地方の捜査員などは歌舞伎町で40万円もの大金をカードで払ってしまっていた。なぜそんな馬鹿をやったのかと聞くと、「カッコ悪いからさ」と一言。メンツを気にして通報できなかったようである。

一方、関西地方から都内に出張してきた刑事が引っかかったときは、店側が強気に出てきたので、「ケツ持ちはどこじゃ！」と関西弁でまくし立てたそうだ。ぼったくろうと意気込んだ店側もてっきり〝その筋〟と勘違いし、アッサリ引き下がったという。歌舞伎町ではそんな人間模様が日夜繰り広げられている。

新宿署に住まう

新宿の組対課長をやっていたときは、朝も夜も事件が多く、家に帰る暇がないため、泊まり込むことが多かった。というより、ほとんど新宿署に住んでいた。

そうすれば、皆、安心だからだ。

令状請求などの手続きは管理職（指定警部以上）が決裁している。例えば、薬物を所持している可能性がある車両を発見して、運転者が「亀の子」になったとしよう。後ろめたいことがある者は、身体検査が任意であることを盾にとって、拒否することが多い。だが、警察官としても「拒否したので帰しました」と言えば、私たち幹部から大目玉を食らうことなるので、引き下がれない。そこで急ぎ必要になるのが、捜索差押許可状だ。

通常は当直責任者の判断で対応するが、込み入った事案や重大事件の場合、担当の課長代理に連絡し指揮を仰ぐか、課長代理経由などで担当課長の判断を仰がねばならない。大きな事案に発展するか、マスコミが動くような事件であれば、署長、副署長に速報することも欠かせない。その点、私は署内で寝泊まりしているので、いつでも対応できた。

歌舞伎町では、現場の刑事だけでは対応できない重要事件が多発する。例えば、単なる喧嘩でも武器が使用された場合や、犯人が逃走していれば、現場近くに緊急配備を敷かなければいけない。現場に臨場して指揮を執ることもある。

殺しなどの重大事件や、新聞沙汰になりそうな事件が起きたときは、報道の窓口となる署長、副署長に必ず報告――対応を怠れば、署長の顔に泥を塗ることにもなる。

一度、110番で「おまわりさんが倒れている」という通報が入ったことがあった。そのときに宿直責任者だったので現場に急行すると、新宿署の地域課員が制服で本当に倒れていた。もし「警察官殺し」なら、警察力を総動員して犯人を捜さなければならない。いの一番にその場で署長、副署長に報告を上げたが、倒れていた警察官は結局、心臓発作などの急病であったため事件性はなかった。

新宿警察署内にある小さな休憩室が、私の「寝室」だった。本来は署員の仮眠用の部屋だが、新宿署は24時間忙しいので、休んでいる者はほとんどいない。ずっと新宿署に泊まり込んでいるのは私くらいなので、自然と、私の部屋のようになっていった。

休憩室は土足禁止。だから、下駄箱に靴があるときはたいてい、私が中にいる。ずっと会社に泊まり込むことを想像すると、疲れが取れないのではと思われるかもしれないが、新宿署は意外と生活に不便さがなく、むしろ快適だった。

新宿署には、署員が使う大浴場もある。朝は署員が柔剣道の朝練で使うため風呂が沸いているので、私も彼らが使った後に使わせてもらっていた。また、署内には食堂もあって、卵焼き、ハムエッグ、納豆、のりの定食程度のものしかないが、やはり人が作ってくれた温かい朝食は美味しい。

歌舞伎町より、西口の居酒屋

私が新宿署に住んでいることは、組対課だけでなく多くの新宿署員にも知られるようになった。夜中、署の近くで仲間と酒を飲んで、いつものように〝寝床〟に帰ってくると、すれちがった捜査員が、「櫻井課長、今日も逆送ですね」と声をかけてくる。留置されている逮捕者が朝にバスで検察に送検され、検事調べを受けることを「押送《おうそう》」というが、その反対が「逆送」だ。つまり検事調べが終わって、まだ勾留が必要な被疑者が夕方に留置場に戻ってくることを、警察では「逆送」と呼んでいる。新宿署に泊まりに

新宿署は歌舞伎町の地元商店の方々と協力して防犯活動を行なっている（右が筆者）

戻ってくるのは、被疑者と私くらいなものだった。

ちなみに、新宿署員は歌舞伎町では基本的に飲まない。歌舞伎町には至るところに監視カメラが設置してある。そのカメラの一つひとつを新宿署は常時監視し、必要に応じてレンズの角度までリモコンで操作している。そう、歌舞伎町で酔っぱらうと、新宿署に逐一把握されることになってしまうのである。なので、我々が飲む場合は、西口近辺の居酒屋が多い。

歌舞伎町に顔を出すときは、商店街のあいさつ回りのときなど、オフィシャルな会合のときのみだ。そのときは新宿署長が課長以上の幹部を連れ立って酒に口をつけるが、あくまで仕事というか、セレモニーである。

第2章
ヤクザとシノギ

暴力団の経済活動や収入源は、日本経済の隆盛と共に大きく変貌を遂げてきた。日本がまだ貧しかった1960～70年代頃、ヤクザのシノギは闇市の支配や、みかじめ料や、小口の債権取り立てや、麻薬の密売といったものが主だった。いまのように住吉会、稲川会、山口組といった巨大組織による系列化がされておらず、上納金制度も確立されたばかりだったので、シノギの規模もそこまで大きくなかったように思う。

80年代に入ると日本はバブル期に向かっていき、土地や株式取引が活発化する。日本が豊かになっていく中で、ヤクザも経済の動きに随伴するように民事介入や企業対象暴力に手を出すようになる。その典型例が地上げ屋や総会屋である。

日本の土地バブルの結果、全国津々浦々で土地開発が行われたが、中には、いくらカネを積んでも土地を売らない地主もいる。困った不動産業者は地上げ屋に頼む。地上げ屋が暴力団員を使うこともあるし、地上げ屋自体がヤクザのこともある。地上げ屋は、地主に有形無形の圧力をかけ、立ち退かせることで不動産業者から大きな収入を得ていた。総会屋への暴力団の流入が激化したのも80年代である。80年代は、ヤクザが背広を着てオフィス街を闊歩する時代だった。

90年代に入ると、バブル崩壊から平成不況に入る。景気後退期にヤクザが手を出したのが不良債権の取り立てだ。バブルで破綻した企業のクズ債権を二束三文で買い取り、脅しすかしで回収し、巨利を得るというものだ。

この頃から勢力を拡大してきたのが山口組である。関東進出の経緯は後述するが、山口組は80年代に「山一抗争」などの派手な抗争をやり、世間の注目を集めていた。一般社会は、「山口組は怖い、武闘派だ」と恐れを抱く。暴力団を利用するグレーゾーンの実業家などは、山口組の威光を使いたい。山口組は80年代の抗争によって確立された「ブランド」に乗って、勢力を拡大していた。

平成不況から抜け出した2000年代は、私が手掛けた岡本ホテル預託金詐欺事件（詳しくは後述）や、和牛商法といった、金融詐欺の一種である「ポンジ・スキーム」詐欺が増えていったように思う。暴対法ができ、企業との取引が遮断される中で、暴力団は顔を出さず、詐欺師や事件屋が表に出てくる事件が増えた。狙われたのは、引退したシニア世代などの「小金持ち」である。

10年代は圧倒的に「オレオレ詐欺」や「カード詐欺」など、旧来のシノギとはまったく違う、顔の見えない犯罪を仕掛けるようになった。この頃、暴力団の周辺には、暴走族出身の関東連合といった半グレ集団が目立つようになった。

ヤクザのシノギの変遷を見ると、経済のうねりやカタギの人たちの懐事情に合わせて変貌を遂げているように見える。一方で、みかじめ料や覚せい剤、債権取り立て、恐喝は、いつの時代も変わらない。ある種の伝統と言える。

大麻の水耕栽培

1998(平成10)年、巡査部長から警部補に昇進したときのことだ。

私は、静かな駒込署に配属されていた。警視庁の中で、大塚署、駒込署、本富士《もとふじ》署、富坂署は、東京都文京区にあるので「文京4署」と呼ばれ、比較的治安がよくて平和な所轄だとされる。なにしろ110番が1日に1件か2件くらいしかない。新宿署には110番が1日200件も入るのと比べると、平和な街である。

駒込署管内には正規のヤクザの組事務所がない、ということになっていた。「正規の」とは、警察が把握できていない非公式な拠点がある可能性を否定できないからだが、それでも駒込署の管轄地域が平穏であることは変わりない。

その駒込署であっても、相変わらず私は忙しく事件を追っていた。日医大事件（これも詳しくは後述）もそうだが、他所に出向くことが多かったからだ。

90年代後半、現代の「パパ活」のような高級売春は、デートクラブを中心に行われており、その大半は暴力団が経営していた。デートクラブの経営は、手っ取り早く利益を上げることができるのと同時に、利用者の恥部を握ることができる。ヤクザにとっては一挙両得だ。妻子持ちへの恐喝なら、家庭内不和を恐れて警察に駆け込みづらいという打算もある。それでもやり過ぎた場合は、警察に駆け込む被害者も現れる。

私がいた駒込署にも、デートクラブから恐喝されているという被害申告があった。

そのデートクラブは無店舗型で、被害者は恐喝金を払うために呼び出された競馬場で、初めて加害者の男と会ったという。

容疑者は20代の元ヤクザで、最近、組を破門になった男だとわかったが、1つ大きな問題があった。無店舗型なので活動拠点がわからない上に、ホシも住所不定なので、どこにガサをかければいいか、それがわからない。

ヤクザは基本、住所不定である。そもそも社会のルールから逸脱した人間が、まじめに役所に住民登録をするはずはなく、登録されている住所など当てにできない。

現役の組員なら組事務所がある。そこを拠点に行動確認をすれば男のヤサを割るのはそう難しいことではないし、事務所にいるときにガサをかければいい。

しかし、男はすでに組をやめており、足取りは完全に途絶えてしまっていた。

この事件の手掛かりは、男が「競馬好き」ということだった。

2000年代初頭はインターネットの黎明期。ちょうどその頃、インターネットで馬券が買えるようになったばかりだった。そこで、競馬サイトの運営会社に話をつけて、恐喝犯の男の名前で検索をかけてもらうと、名古屋からの申込者がヒットした。男は東京の組をやめて、名古屋に逃げたようだった。

その住所はある工場の寮の一室。おそらく組をやめた後、この工場で働いていたようだが、まじめに働いた給料では飽き足らず、工場に勤務しながら現役時代のネタを使って小遣い稼ぎ、つまり恐喝をしていたのだ。

勤務先の工場が保管していた履歴書の写真を照会すると、ドンピシャだった。工場主から寮の部屋の鍵を預かると共に、男が逃げるような不自然な接し方は慎んでもらうようにお願いし、東京で逮捕状と捜索差押許可状を取って男を〝迎えに行く〟手筈を整えた。

翌朝6時。捜査員6人で新幹線に乗り、名古屋の男の自宅に着いたのは9時半頃。いきなり玄関の鍵を開け、中に踏み込んだ。男は寝起き眼で、「何だ、お前ら！」と吠えていた。「何だじゃねえよ、この野郎！　迎えに来たんだよ！」と応じる。

ドカドカと土足で部屋に上がり込んだ勢いで、ガラっと別室のドアを開けると、奥の部屋に青々とした植物がブラックライトに照らされているのを見つけた。

大麻の水耕栽培であった。

ホシは１８０センチあろうかという巨漢で、ぼうっとした男だった。部屋の中に座らせ、恐喝の容疑を読み上げてもボケっとしていた。てっきり大麻の件で来たのだと思ったのだろう。「お前、この植物はなんだ？」と聞くと、「調べりゃいいじゃないですか」と不貞腐《ふてくさ》れている。

男を落とすという意味では、新幹線の移動が追い風になった。名古屋から東京まで約1時間半。新幹線の車内で押し黙っているわけにもいかず、一緒に弁当を食べながら雑談した。「お前、馬鹿だな。大麻なんか見ればすぐにわかるのに、ごまかしても無理だぜ。やりたかねえんだよ、俺だって」と打ち明けると、「すいません、あれ、大麻です」と折れた。

ヤクザをやめた理由から、本人の話を親身になって聞き、ホシの気持ちを理解していければ、相手も心を開いてくれることが多い。そこから一気に恐喝も自供した。男は両親が離婚して、組からも追われて、そんな折に親身に話をされてうれしかったのかもしれない。

これが東京の事件なら、大麻栽培はそれこそ棚ボタの手柄だったが、現場が名古屋となると、気分が高揚するどころか、逆に疲労感に襲われた。これから何度、東京・名古屋間を往復しなければならないのか。

男を元々の容疑の恐喝罪で逮捕して、身柄を駒込署に移送する。それと同時に、部屋にあった「大麻らしき植物」の一片を東京の警視庁内にある科学捜査研究所で鑑定した。そして本物の大麻で間違いないとわかったら、差押え許可状を持って、栽培されている大麻を押収しなければいけない。そして大麻取締法で再逮捕、という流れになる。

名古屋の警察に大麻を引き渡すこともできるが、「恐喝はうちでやるんですが、大麻はそちらで」というのも図々しいし、愛知県警としても、ホシをもっていかれた後ではうれしくもないだろう。したがって、すべて駒込署で処理することになった。

暴力団社会では、大麻や覚せい剤といった、違法薬物に手を出してはならない、という建前がある。みかじめ料や債権取り立てなどの民事介入暴力などでシノギを立てろというのだが、暴対法の施行により、こうしたシノギは難しくなっている。

食うに困った暴力団は、伝統的な違法薬物の密売に回帰する。現代では、ヤクザはカネに困って組を抜けても、一定期間は正業には就けない。中には密漁などに手を出す者もいるようだが、生活資金を得るのに一番手っ取り早いのが覚せい剤だ。暴力団への締め付けが厳しくなり、あらゆるシノギが細る中でも、覚せい剤の押収量は年々増え続けている。覚せい剤がなくならない限り、暴力団もなくならない。

第3章

日医大事件
——稲川会と住吉会

関東の暴力団社会は——現在では山口組が勢力を伸ばしているものの——共に数千人規模の組員数を誇る住吉会、稲川会という2大組織が絶対的な地位を確立していた。

実はこの2組織のルーツは大きく異なる。

住吉会は集合体である。東京の各地域には、それぞれ縄張りを持つ博徒系ヤクザがいた。それらの組織同士が寄り集まって作られたのが住吉会で、かつては「連合」や「連合会」を名乗っていたこともある。住吉会の中核団体は杉並区を本拠地とする住吉一家向後《こうご》睦《むつみ》会である。右翼団体・日本青年社の初代会長の小林楠扶が結成し、銀座を縄張りとする小林会や、武闘派として知られる幸平一家加藤連合会などは、それぞれ違うルーツを持つ。

一方、稲川会は、稲川聖城というカリスマが一代で興した組織である。したがって稲川会の幹部や中核団体は、稲川聖城というルーツを共有していると言える。

この2つの組織は、関東を縄張りとして、長きにわたり共存共栄を図ってきた。山口組の拡大に対抗する「関東二十日会」を結成し、手を結んだこともある。だがヤクザは、どこまでいってもヤクザ。食うか、食われるか。やるか、やられるか。本当の意味での平和共存はあり得ないのである。

他人のために命を張ることが「任侠」として称賛されるヤクザにとって、葬式は、襲名披露などの儀式と並ぶ「義理事」であり、一種の社交場でもある。そのため敵対組織が参集する場とあっても、義理事の場を乱す行為は「仁義破り」としてご法度とされていた。

その伝統も、時代の流れに晒されるなかで形骸化していったのだろうか。

2001(平成13)年8月——葛飾区白鳥にある四ツ木斎場。うだるような暑さの中で、住吉会・住吉一家向後睦会幹部の通夜が営まれていた。死因は病死で、抗争など特別な事情とは無関係だった。当時の住吉会会長・福田晴瞭を筆頭とした組の大幹部が居並び、末端の組員を合わせて約700人もの組関係者が参列する中、例によって喪服に身を包んだ若い衆が、厳しく統制された挙動で、粛々と祭事を取り仕切っていた。

だが、この日の葬儀には陰険な殺意が潜んでいた。

同じ関東の巨大組織・稲川会の組員ふたりが、黒服に身を包み、住吉会の「住」の代紋を胸につけ、斎場に溶け込んで、そのときを待っていたのである。

西日が赤く染まりかけた頃、意を決したその組員らは立ち上がり、黒服の中で一段と威厳のある幹部のもとに歩み寄った。そして、けん銃を抜くと、目を剝く幹部に言葉もなく引き金を引いた。亡くなった幹部の親分にあたる住吉一家向後睦会会長・熊川邦男、さらに滝野川一家総長・遠藤甲司と向後睦会幹部・西村俊英が連続して打たれ、神聖なはずの組葬は血に染まった。翌日の新聞は、こう報じた。

《通夜舞台「仁義なき抗争」
発砲で幹部死亡　会長ら重軽傷
2人組逮捕　葛飾葬祭場
十八日午後六時十分ごろ、東京都葛飾区白鳥の葬祭場「四ツ木斎場」で、指定暴力団住吉会系向後睦会幹部（五七）の通夜の最中に二人組の男が短銃を約五発発砲、参列していた同会の熊川邦男会長（五二）と住吉会系の別の組の幹部ら暴力団関係者三人が撃たれた。
住吉会系滝野川七代目、遠藤甲司総長（五七）が胸を撃たれ死亡。熊川会長は重傷、一人が右ひざに軽いけが。二人組はその場で参列者に取り押さえられ、警視庁に引き渡された。

捜査四課と亀有署は暴力団同士の抗争事件とみて捜査、二人を殺人未遂の疑いで逮捕した。調べによると二人は、指定暴力団稲川会系小田組幹部、吉川一三容疑者（五二）と同会系小田総業幹部、村上善男容疑者（二九）で「熊川会長を狙って撃った」などと容疑を認めているという。

この日はほかに葬儀はなく、通夜には約七百人が参列していた。二人はその場で参列者に取り押さえられ、港区赤坂の向後睦会の事務所に連れ去られたが、その後、同課に引き渡された》（産経新聞01年8月19日付東京朝刊）

若い衆が放った凶弾により、江戸時代から続くといわれるヤクザ社会の「掟」が破られた。それは、関東の巨大組織が「仁義なき」報復劇を開始する号砲であった。

住吉会内部に強烈な不満

四ツ木斎場暗殺事件で住吉会の組員に確保された実行犯は、警察の説得により、その日のうちに警察へ引き渡された。警察の仲介により、「手打ち」のためのトップ会談が開かれ、形だけの解決を見たものの、一方的に被害に遭っただけの住吉会内部には強烈な不満を残す結果となった。

その頃、私は警視庁駒込署の暴力犯捜査係の警部補、いわゆるマル暴刑事として、ヤクザ事件を担当していた。

マル暴を拝命して20年近く経っていたので、当然ながら、ヤクザ社会を震撼させた「仁義破り」の四ツ木斎場事件も耳に入ってくる。

91年の暴対法成立に前後して、山口組、住吉会、稲川会などの主要組織は「平和共存」を口にしていたが、シノギのパイが目に見えて縮む中で、ヤクザの抗争は全国で頻発していた。管轄地域内に組事務所がない駒込署にいても、物騒な雰囲気はピリピリと感じとっていた。

だが私自身、まさかこの後に、関東2大組織の抗争のど真ん中に身を投じることになるとは、このときは知る由もなかった。

「日医大病院に急行せよ」

「目白で発砲！　警戒にあたれ」

四ツ木斎場事件から約半年たった2002（平成14）年2月24日夕方。警視庁の通信指令本部から一斉に、10キロ圏配備の指示が入った。駒込署で宿直勤務に当たっていた私が捜査車両で警戒に出たところ、通信指令本部からさらに無線が入った。

「至急、日医大病院に急行せよ！」

車両のルーフに赤色灯をのせ、サイレンを鳴らし、日本医科大学付属病院に急行した。

日医大病院がある文京区千駄木周辺は、東京の中心地に近いながら、下町風情溢れる静かな町である。通りの向かいには緑豊かな根津神社の大鳥居が構えており、普段ならこの一帯は、看護師や参拝客が行きかう平和な場所だった。

だがこの日の夕方、日医大病院周辺は雰囲気が一変していた。

病院前にヤクザ100人

2月の後半とはいえ、まだ春には遠く、日が沈むのは早い。私が到着した午後6時頃は、あたりはすっかり闇に落ち、回転する赤色灯の中で、病院の蛍光灯が冷たく光っていた。

原色の派手な柄シャツや、ストライプ柄のダブルスーツを着た、一見してそれとわかるヤクザが100人以上。暗がりの中でいくつもの危なそうな目がこちらを見やっていた。ここが人命を救う救急病院とはとても思えなかった。百鬼夜行の地獄の入り口というのが相応しく、到着してすぐ、「ヤクザ同士の抗争だな……」と直感した。

現場には近隣の交番から急行してきた制服警官が到着していたが、異様な光景にたじろいでいた。私は被害者の状態を把握するため、組員の群れを突き抜け、病院の中に入った。

被害者は、住吉会幸平一家傘下の石塚組組長・石塚隆（当時54歳）。24日午後4時頃、池袋駅から徒歩で10分ほど、山手通りと要町《かなめちょう》通りの交差点（豊島区）で、数人の男にスタンガンを打たれた上、胸に向けて数発のけん銃を撃たれたという。

かろうじて急所を免れ、生き残った石塚は、自ら這って最寄りの要町病院にたどり着いたものの、地域医療を手掛けてきた要町病院では対処できず、救急外来のある日医大病院に搬送された。

担当医から「被害者に事情を聴いても差し支えない」と了解を取った私は、まず開口一番、「誰にやられた！」と尋ねた。

しかし石塚は、「言えない……」とだけ発し、口をつぐんでしまった。

「相手はヤクザものか」「どこの組なんだ」と畳みかけても、一向にしゃべらない。

「オモニ……」（韓国語で「母さん」の意味）

遠くを見るような目でそうつぶやくだけだった。

石塚への事情聴取は容態が回復するまで待つことにして、病院にたむろしているヤクザ連中を何とか解散させなければならない。そこで大声で、

「おい！　お前らの責任者は誰だ」

と叫ぶと、ヤクザの集団の中から、小柄な男が歩み寄ってきた。

石塚の兄貴分を名乗る矢野睦会会長・矢野治だった。涙袋の大きい落ちくぼんだ目が印象的だったが、私は違和感を禁じえなかった。自分の子分がけん銃で撃たれたなら、多かれ少なかれ狼狽するものだろう。褒められたことではないが、ただちに報復して相手を殺してやろうと身を震わせるのがヤクザというものである。

しかし、不思議なことに、当の矢野は落ち着き払っていた。そして、自己紹介も早々に、上目遣いでこう聞いてきたのだ。

「あいつ、何かしゃべってますか」

日医大病院のICUで組長射殺

私は矢野に「石塚は何もしゃべってない」と答えた。すると、矢野はホっとしたような表情を見せ、周辺に居並ぶ組員たちを解散させた。

私は頭の中で、それまでの石塚と矢野とのやり取りを反芻した。

「石塚の沈黙……。矢野の表情……。抗争を目前にした緊張感はまったくない……」

そう思案しているうちに、目白署の刑事課長がヤクザ者の一群をかき分けてきた。

石塚が最初に襲撃された要町の路上は目白署の管轄内。つまり、運び込まれた日医大病院が駒込署管内であっても、この事件の発端は目白署ということになる。

原則通り、この事件は目白署が担当するということになり、急行した私は交代して警察署に戻り、署内で泊まり勤務を継続した。

しかし、翌朝9時に再び無線が鳴る。

「駒込署管内、日医大病院で発砲！」

それを聞いたとき、私は、「あぁ、あの石塚が撃たれたか……」と天を仰いだ。

《日医大病院で発砲　千駄木　ICUの組長死亡

二十五日午前九時ごろ、東京都文京区千駄木一の日本医科大学付属病院東館高度救命救急センターの一階集中治療室（ICU）に入院していた指定暴力団住吉会系の石塚隆組長（五四）＝豊島区要町三＝が、男にICUの窓越しに短銃で頭に二発撃たれ、間もなく死亡した。石塚組長は二十四日夕、豊島区内の路上で銃撃されて入院中だった。警視庁捜査四課は駒込署に捜査本部を設置し、暴力団同士の抗争による殺人事件とみて捜査している。

調べでは、男は屋外に面したICUの窓を割った後、窓枠から半身を乗り出すようにして、短銃を四、五発発砲したらしい。ICU内には当時、患者や医師、看護婦ら十人以上がいたが、ほかにけが人はなかった。ICUの廊下側出入り口を警察官二名が警戒していたという。

男は黒のスーツに黒の帽子姿で、サングラスをかけており、発砲後、走って地下鉄千代田線千駄木駅方面に逃げたという。

死亡した石塚組長は二十四日午後五時ごろ、豊島区要町一の路上で男に短銃で腕や腹部など約四カ所を撃たれて重傷を負い、近くの病院に搬送されたが、治療が困難なため日医大付属病院に転送され治療を受けていた》（東京新聞02年2月25日付夕刊）

帳場を駒込署に設置

一般に、殺人などの重要事件が発生すると、所轄警察署の捜査員や、警視庁本部の機動捜査隊が現場に急行し、証拠保全や聞き込み捜査を行う。

犯人が逃亡するなど、解決が難航する場合は所轄に、警察用語で「帳場《チョウバ》」と言われる特別捜査本部が立ち上がり、警視庁から殺人事件を担当する捜査一課が投入され捜査にあたる。しかし、被害者や被疑者が明らかに暴力団組員や暴力団関係者である場合は、捜査一課ではなく捜査四課の特別捜査本部が設置されることとなる。

日医大病院の事件は、被害者がヤクザの組長であり、加害者もプロの殺し屋＝ヤクザ関係者である可能性が高く、「四課の事件」であることは明らかだった。

問題はどこの署に帳場を置くか、ということだ。石塚が最初に襲撃された要町の路上は目白署の管轄内である。しかし日医大病院は駒込署の管轄地域だ。要町の路上から始まる一連の事件ということであれば、目白署に帳場が設置されることもありえる。

もし発砲事件を受けて、目白署に入っていた警視庁本部の四課の刑事が「発生は目白署の管内だから、引き続き目白署で捜査にあたる」と突っぱねたら、四課主体の目白署に特別捜査本部が置かれていたかもしれない。

だがこのとき、目白署に詰めていた四課の幹部が、日医大病院での発砲事件が発生した際、「日付が変わってるし、これは目白署じゃないいんじゃないですか……」などとぼやいていた。重要事件ということで、現場に出張っていた本部の捜査四課の課長がこれを聞いて、「あんた、やる気あんのか」と憤っていたのを、よく覚えている。

かたや私は2月の寒空の下でもTシャツ姿で現場に臨場していた。四課の管理官は「櫻井くん、寒くないの?」とあきれていたが、「燃えてますから」とイキがった。

四課長の判断で帳場は駒込署に置くと決まり、「日本医科大学付属病院内けん銃使用殺人事件」特別捜査本部が設置された。私は駒込署の暴力犯係長として、特別捜査本部のデスク主任に指名された。

駒込署に設置された特別捜査本部は、警視庁本部の四課の指揮の下、目白署員を合わせて総勢70名。我々暴力犯係以外にも、駒込署から盗犯係や少年係、地域係、公安までさまざまな部署から捜査員がかき集められた。さらに警視庁本部の三課も加わった。

警察上層部は「病院での発砲」という前代未聞の事態に神経をとがらせていた。帳場のある駒込署の講堂では毎朝、捜査会議が開かれた。

「集中治療室で銃撃など前代未聞だ。絶対にこんなことが罷り通ってはならない！　一刻も早く犯人を捕まえ、事件を解決するように」

四課長、駒込署長に続いて、事件を統括する本部捜査四課管理官は、捜査員を前に怒りを露わにした。

鑑識班が事件発生直後から日医大病院で進めている実況見分や、病院の職員や近隣住民に対する聞き込みなどの地取り捜査により、事件の構図が次第に明らかになってきた。

犯行の流れを浮かび上がらせたのは、看護師たちの証言だ。石塚は日医大病院東館1階の集中治療室（ＩＣＵ）内にある、建物北側に位置するベッドにいた。建物1階の北側はガラス張りで、室内からは裏路地との間にある植え込みの緑がよく見える。

当日の朝9時、黒ずくめの二人組の男が、植え込みを乗り越えてガラスに近寄り、ひとりが斧のような鈍器で粉砕。ガラスの割れる音で院内が混乱に陥る中、別の男が割れた窓の枠に足をかけ、けん銃を構え、パン、パン……と連続して5発の銃弾を石塚めがけて発射した。4発が石塚に命中。残り1発は、隣のベッドの一般の患者の衣服から見つかった。

ヒットマンふたりは病院北側の裏路地に引き返して、走って車に乗って逃げた。

矢野治が「下見」

前日の襲撃事件でもけん銃が使われていたため、同一犯がとどめを刺す目的で殺したのは明らかだった。問題は、どの組による犯行かということだ。

まず考えられるのが、敵対組織による殺害である。

石塚は要町の路上での襲撃事件の際、タクシーで襲撃現場まで向かっている。ということは、襲撃相手は石塚をおびき寄せる関係、つまり顔見知りである可能性が高い。

では石塚が襲撃相手として心当たりのある者の名前を隠すのはなぜか。警察に知られず報復するため、ということも考えられる。

だが、日医大病院での襲撃の、あの鮮やかさはどうなる。襲撃犯が石塚のベッドの位置を正確に把握していなければ、一瞬でベッドに横たわる石塚に銃口を向けることはできない。敵対組織があの日、病院を下見できたか。前日の日医大病院周辺は、住吉会系のヤクザで埋め尽くされていて、違う組のヤクザが近づくのは容易ではないだろう。

浮かび上がるもう一つの線は、仲間内の犯行である。石塚のベッドの位置に最も関心を示していたのは、石塚の親分にあたる矢野睦会会長・矢野治だったからだ。

この点、地取り捜査で看護師が重要な証言をしていた。

看護師の女性によると、事件当日の朝8時頃、矢野が集中治療室のナース室に現れ、石塚との面会を求めてきたという。しかし警戒中の警察官が制止したところ、看護師にこう迫ったという。

「石塚は俺の舎弟だ。身内の人間とは喋れるだろう」

石塚を担当していた別の看護師にも、「顔を見るだけでいい。遠くから見るだけでもいいんだ」と必死に病室の中をうかがおうとしていたという。

看護師は石塚に確認したうえで、矢野をベッドに案内した。強く面談を求めていた割には、ふたりの会話はわずか2分足らずで終わり、すぐに病院を出たという。病院の外に出た矢野は、携帯電話で何者かとしきりに話し込んだ後、すぐに現場を後にした。

看護師の証言に帳場は色めき立った。

なぜ矢野は面会を求めたのか。まさか、石塚のベッドの位置を確認したのではないか。

私が事件前日に、矢野と会って抱いた強烈な違和感に対する答えが、看護師の証言に示されていた。矢野が私に、石塚が何を喋っているのか尋ねたのは、石塚の身を案じていたからではない。身内に殺されかけたことを石塚が警察に話すことを恐れたからではないか。

当日の矢野の行動は、お見舞いではなく、「下見」と考えると、筋が通った。

「俺は失敗して帰ってきた」

石塚は身内に殺された、という筋読みを裏付ける供述が、石塚の身辺からも上がってきた。筋読みとは、事件発生に至る原因、動機などの筋道で、仮説に近いものだ。

要町でスナックを経営する内縁の妻（当時57歳）によると、2001（平成13）年末から襲撃を受けるまで、日を追うごとに、石塚の生活は荒んでいったという。

「12月頃から晩酌で飲む酒の量がすごく増えて、ベロベロに酔っぱらうまで飲んでいた。1月には『俺が死んだときのために、生命保険の受取人を前妻からお前と息子の名義に変えろ』とか、『俺はもう帰れないかもしれないから、体に気をつけろ』とか、物騒なことを言うようになった」

実際、1月末から2月初めにかけて石塚は家を空けていた。2月2日の夜中に家に戻ると、内妻にこう打ち明けたという。

「俺は失敗して帰ってきた。レンタカーの名義は俺だ。ほかのみんなの指紋は拭いたが、俺の指紋は車内にベタベタ残っている。責任は俺が取らなければいけない」

実は、石塚は襲撃される直前まで、01年8月の「四ツ木斎場事件」の報復のため、群馬県に拠点を置く稲川会大前田一家への襲撃に参加していたのだった。

警察仲介の「手打ち」に不満

ヤクザは葬儀、結縁、襲名披露をはじめとした慶祝弔慰を義理事と呼ぶ。そして、捜査四課はヤクザの義理事が行われる際には、出席する組関係者を把握するために会場前に陣取り、一人ひとりの顔を確認している。これが「面割《めんわり》」である。

四ツ木斎場事件のときも警視庁は面割のために会場に張り付いており、実行犯の稲川会組員を住吉会が確保して連れ去ったことを把握していた。

実行犯が敵対組織の組員だったといえども、警視庁の捜査員の面前で「報復」を完遂させるわけにはいかない。四課は住吉会本部長・五十嵐孝に、実行犯を「息のある状態」で引き渡すよう要求した。その後、警察の仲介で、住吉会側は会長・福田晴瞭と五十嵐、稲川会側は理事長・角田吉男、組織委員長・杉浦昌宏の出席でトップ会談が執り行われた。その結果、実行犯の所属する大前田一家総長・小田建夫の絶縁、大前田一家の消滅、本部長の絶縁で「手打ち」となった。

また、組員2名の引き渡しを受けた警視庁は、四ツ木斎場事件でふたりだけを起訴し、稲川会のトップまで捜査の手が伸びることはなかった。この結末に、住吉会の内部では不平不満が上がった。「仁義破りをこれで終わりにしていいのか」「幹部のタマを取られてなぜ実行犯だけなんだ」というものだ。

その不満の矛先は、警察や稲川会との交渉にあたった五十嵐に向かっていたという。

向後睦会は住吉会の中核団体で、元会長の西口茂男の出身母体である。殺された熊川は、西口の跡目を継いで向後睦会の会長となっていた。いわば住吉会の人間にとって、向後睦会の会長は、住吉会の本流の中枢幹部なのである。「男を売る」という建前のヤクザ社会にあって、「親分」を殺されたのに、自ら報復せずに手打ちでいいのか。「渡世の義理」を果たさないままでいいのか、という不満がくすぶっていた。

五十嵐は四ツ木斎場事件があった翌月、幸平一家から、住吉会での主流派閥・住吉一家に身を移したばかり。身内の人間を殺されて、きちんとケジメを取れないようでは、住吉一家内部で「あいつはたいしたことない」という汚名が残ってしまう。五十嵐は稲川会と住吉会、そして我々警察に挟まれる、苦しい立場に置かれた。

その五十嵐の腹心が矢野であった。矢野は五十嵐から縄張りを継承していたのだ。

矢野としては、自分を立ててくれる五十嵐の住吉会内部での立場を慮《おもんぱか》り、自分が四ツ木斎場事件のケジメを取ることで五十嵐に「義理立て」したかったのだろう。

2001（平成13）年12月、群馬県・伊香保温泉の「富士屋ホテル」に配下の組員を集め、大前田一家への報復の決起集会を催したのである。

警察に逃げ込むつもりだった

ところが、大前田一家への襲撃は失敗続きだった。

2002（平成14）年2月1日に大前田一家元組長・小田への襲撃を決行するはずだったが、警戒が厳しく断念。石塚の内妻に対する言動は、日に日に悲壮感を増していった。

「若い衆の警戒が厳しくて、何もできずに帰ってきた。俺はよそ者ではなく内々の者から殺されるかもしれない」

2月8日未明、石塚は内妻に対してこう語ったという。

「表面上は手打ちとか示談になったといっても、ヤクザはそんなもんじゃない。これは戦争なんだ。最初に俺が行ったときは、大勢で矢野も一緒だった。泊まる場所もレンタカーも俺の名義で借りている。俺はいつ死んでもいいが、矢野は子供もいて、大変だな」

「門にしか近づけないから、門に爆弾を仕掛けて、遠くから見ていた。花火のように燃えただけで、子供騙しみたいなものだった。俺は失敗した。身内に殺されるだろう」

2月10日から15日頃には、こうも話した。

2月21日、石塚は再度、群馬入りし、小田宅に向けてけん銃を発砲している。苛立ちを募らせた矢野たちは「次はバズーカ砲を使う」と過激化していった。

内妻によると、石塚は若い衆が下手を打ったときも指を詰めるようなことはせず、丸刈りで許してやるような、心根の優しいヤクザだったという。度重なる下手打ちで、相当なプレッシャーがかかっていたことは想像にかたくなかった。

石塚は21日の襲撃を最後に、内妻に「疲れた。また失敗した。もう帰ってこられないから、体に気をつけてな」と言い残し、矢野とその配下たちの報復行動から、逃亡を図った。

逃げを打つと同時に、警察に「飛び込む」つもりだったという。旧知の向島署の警部に襲撃計画を暴露し、矢野らを逮捕させることで、内妻など身辺に危険が及ぶことを回避しようとした。が、あいにく旧知の警部は休暇中——命運は尽きた。

石塚の逃亡を察知した矢野らは、石塚が警察にすべてチンコロ（密告）すれば、自分たちは検挙されるし、報復の計画も終わってしまうと、石塚の口封じに動き出した。行き場を失っていた暴力の矛先が、瞬時に標的を見定めた瞬間だともいえる。

石塚は以前入所していた刑務所で知り合った葛飾区新小岩の知人宅に身を寄せていた。

すると、矢野の配下の力石正彦（仮名）から、「報復計画から抜けたいのはわかった。100万円を援助するから、お前は逃げればいい」と連絡が入った。逃亡資金に困っていた石塚は、この誘いに乗ってしまう。

だが、力石の甘い話は、矢野が仕掛けた罠だった。待ち合わせ場所は要町1丁目交差点。そこに姿を現した石塚は、力石と矢野の配下の人間に囲まれ、スタンガンを当てられた。

「パチパチという音がして、『やめろ！　離せ！』という叫び声が上がった後に、銃声が数発聞こえた」（目撃者の供述）

矢野の配下の組員の供述では、スタンガンで気絶させて拉致し、覚せい剤漬けにしてどこかの山林に埋めるつもりだったという。しかし思わぬ抵抗にあったため、焦ってその場で殺そうとしたのであった。

前橋スナック銃乱射事件

駒込署に設置された捜査本部による石塚の通話記録の捜査で、発信履歴から要町の襲撃現場につく直前にやり取りしていた相手は、矢野睦会総本部長の力石正彦・力石組組長

（名前、組名ともに仮名）であることが判明した。

石塚を襲撃前日まで匿っていた知人の供述では、石塚は襲撃現場に向かう直前、携帯電話で「これから向かいます、5時頃着きます」と話していたという。電話の相手が力石である以上、要町の襲撃で、石塚をおびき寄せたのは力石である可能性が高い。

そして、日医大事件が要町の襲撃事件の「とどめ」であるということは、力石と実行犯が両事件に深く関与しているとも考えられた。

力石は2001（平成13）年12月、伊香保温泉「富士屋ホテル」で開かれた大前田一家の襲撃計画の決起集会、02年1月に襲撃計画の細部を詰める静岡・伊豆「大仁ホテル」での会合にも参加していた。

実は四課では、02年8月、力石を別件の詐欺容疑で逮捕した。この詐欺事件は起訴され、起訴後の取り調べにおいて、日医大事件や群馬での事件について問いただすことができた。だが力石は日医大事件への関与を否定していたのである。

捜査の最中も矢野睦会によるものと思われる報復は続いていた。石塚が殺された直後の02年3月には、大前田一家元総長の小田の自宅を火炎放射器で襲撃する事件が発生。10月には大前田一家元本部長の男が群馬県内で銃撃され、重傷を負った。

そして日医大事件から1年が過ぎようとしていた03年1月、ついにあの事件が発生し、日本中を震撼させた。

《スナックで6人撃たれ3人死亡　群馬・前橋

二十五日午後十一時三十分ごろ、前橋市三俣町三のスナック「加津」で発砲事件があり、店内にいた客六人が撃たれ、同市内の病院に運ばれた。

前橋市内の六十六歳の女性と五十歳代くらいの男性、四十歳代の男性の計三人の死亡が確認された。三人はいずれも一般の市民で、巻き添えだった。四発撃たれた男性を含め、残る三人は暴力団関係者で、命に別状はないという。

発砲したのは男二人組とみられ、群馬県警前橋東署は殺人と銃刀法違反などの容疑で行方を追っている。暴力団関係者による抗争の可能性もあるとみて捜査している。

調べによると、スナックの外に止まっていた高級外国車に向かって、二人組の男がいきなり発砲し、その後、店内に入って発砲したという。

二人組は外に出て再び車に発砲。自分たちが乗ってきた外国車に乗って逃走したという。現場は、飲食店や家電量販店などが並ぶ国道17号線バイパスそばの一角》（読売新聞03年1月26日付東京朝刊）

「替え玉」登場

現場となった前橋の「すなっく加津」では、稲川会系の元組長ら客5人が撃たれ、うち抗争とはまったく関係のない市民3人が亡くなった。元組長は左腕を撃たれたものの一命を取り留めた。

群馬県警は前橋東署に特別捜査本部を設置。早い段階で、四ツ木斎場事件に端を発する一連の抗争事件の関連との見方を固めていた。

その直後の1月29日、警視庁目白署に「群馬の件は自分がやった」という男が出頭してきた。矢野睦会の土田夏生（仮名、当時43歳）である。なぜ銃乱射事件の捜査本部のある前橋東署ではなく、目白署なのか。実は土田は、幸平一家にルートのある警視庁のマル暴刑事のツテで出頭していた。その刑事への義理立てとして、群馬県警ではなく、警視庁の管内を選んで自首したのである。

その後、身柄は前橋東署に移され任意聴取が行われた。土田は「前橋の一件のけん銃は自分が用意した」「中国人を雇った」「道具は川に捨てた」と供述した。

だが、土田がけん銃を捨てたと供述した場所は、実際にけん銃が見つかった場所と遠く離れていた。出頭当初は「自分が実行犯」と言っていたが、後日「指示した」などと二転三転させ、核心部分ははぐらかすなど、不可解な態度を取り続けていた。

「俺が犯人だから、もういいだろ」

細部を詰めようとする群馬県警の調べに、土田はこうまくし立てたという。

いくらなんでも怪しすぎる。土田の言動から、今回の自首は、矢野が真犯人を隠すために立てた「替え玉」ではないかという観測が強まっていった。

一般的な抗争事件であれば「替え玉」を差し出せば——一応、逮捕者を出すことで——警察や抗争相手の組のメンツを立てたことになり、事は収まったかもしれない。しかし、前橋スナック銃乱射事件は、そんなヌルい解決は許されなかった。一般市民が命を落としているのだ。土田は2月上旬に銃刀法違反で逮捕されたが、月末に処分保留で釈放され、群馬の捜査本部は振り出しに戻った。

前橋スナック銃乱射事件の捜査が難航する中、駒込署の日医大事件の捜査本部はヤマ場を迎えていた。

駒込の捜査本部で絞ったある男

前述のように実行犯のひとりである力石は2002（平成14）年8月に詐欺罪で逮捕されており、その後も大前田一家への報復事件で再逮捕され、身柄は押さえられていたが、日医大事件については供述を拒んでいた。そうした中、捜査本部はある男に焦点をあてた。

力石の配下の真田光男（仮名）である。真田は、前述の大前田一家への報復を企てるために開かれた伊香保温泉と伊豆の会合には出席しておらず、石塚との接点は薄かった。また、真田は力石の詐欺事件で共に逮捕されたが、日医大事件については何ら供述せず、詐欺の件は起訴猶予処分となり娑婆《シャバ》に出ていたのだった。

しかし、逃走に使われた車両から真田の書類が発見されたことと、日医大病院周辺のタバコの吸い殻が、詐欺罪で逮捕された際に吸っていたタバコから採取したDNAと一致したことから、真田にスポットが当たった。

前橋スナック銃乱射事件を受け、駒込署の捜査本部は、一刻も早く日医大事件を解決し、報復の連鎖を断たなければならないという気迫に満ちていた。


日医大事件のような重要事件の場合、ホシに本丸の殺人容疑以外の嫌疑があれば、その嫌疑で逮捕・起訴し、捜査の過程で、本丸の事件の証拠固めや相手方の自発的な自供を促すのが常道である。とはいえ、最初の逮捕容疑がおざなりだと、〝別件逮捕〟ということで、捜査権の乱用にあたり、違法と判断される恐れがある。本丸が殺人容疑だったとしても、前段の逮捕容疑もきちんと起訴できるように、証拠固めはより慎重、厳密に行わなければいけない。

こんなとき、四課は強い。マル暴刑事は事件がないときでもヤクザと接点を持ち、情報収集に徹している。捜査本部は真田が捜査線上に上がった時点で、力石組の拠点である池袋で真田が「人夫出し《にんぷ》」をシノギにしていることを把握していた。

人夫出しは、街で仕事にあぶれている労働者をヤクザが集め、人手が足りない建設現場に送り出し、建設業者から報酬を受け取るというシノギである。

建設業者としても、危険な土木作業に従事する労働者を手っ取り早く集められる方法ではある。ただし、労働者派遣や職業紹介を行うには業者として登録が必要で、ヤクザがやっている人夫出しは、労働者派遣法や職業安定法に違反するケースが多い。

捜査本部はひとまず、職安法違反で真田を逮捕する方針を固めたが、証拠固めは厳密を要した。殺人のような重大事件の場合、警察は担当検事が決まると、捜査状況を逐一報告する。職安法違反で真田の身柄をパクると聞いた担当検事は、人夫出しをしているという証言を、実際に〝手配〟された労働者10人以上から取ってほしいと要請してきたのである。

そこで捜査本部は02年秋頃から、池袋駅周辺の地取り捜査に捜査員を投入。朝、池袋駅西口で人夫出しをしている「手配師」を監視し、労働者を尾行した。静岡などさまざまな工場や建設現場に派遣されている証拠を押さえ、一人ひとり供述を取る。文字通り、ひたすら足で稼ぐ捜査だった。

並行して、真田の居所も探る。カタギの人々は、たいがい役所に提出された住所に居住しているが、ヤクザ者が定まった住所を持つことは稀だ。本人名義で借りられる部屋は少なく、他人名義で借りた物件か、ホテル暮らし、もしくは情婦の部屋に居候していることが多い。したがって足で捜査しなければ所在を摑むことはできない。

身辺捜査の結果、真田は持病の治療でT大学病院に通院していることがわかった。そこで、我々はこっそり主治医を説得し、次の診察予定時刻を聞き出した。病院側から「事を起こすなら病院外でやってください」という要望もあったので、病院の前で真田を確保することとなった。

本ボシの身柄を取る

２００３（平成15）年4月11日午前6時、私は10名の捜査員を伴い、T大学病院の前で張り込みを開始した。春の雨が上がった後の、じめじめした朝だった。

「真田を逮捕しても、署までの同行時には日医大事件の話は一切するな」

捜査本部の警部からそう厳命されていた。

この4月、警視庁では組織改編があり、マル暴刑事は、刑事部捜査四課から、新設された「組織犯罪対策部」の四課に移っていた。今日《こんにち》の「組対四課《ソタイヨンカ》」が誕生して事実上、最初の捜査本部事件が、日医大事件の実行犯逮捕となったのだ。

その門出を飾る事件だけに、〝別件逮捕〟との批判を招くような事態は、絶対に避けなければならなかった。

診察予定時刻は10時30分。我々は8時には現場に到着し、走って逃げた場合に備えて、病院の入り口付近に分散して待機していた。しかし、約束の時間を過ぎても現れない。

この間の捜査でも、真田の居住地はさっぱりわからなかった。詐欺容疑での逮捕から半年が過ぎており、10月の稲川会系元組長銃撃事件、1月の前橋スナック銃乱射事件が世間を騒がせていた。当人としては、逃げおおせるか、パクられるか、内心ではヒヤヒヤする中で、ガラをかわしていたのかもしれない。

この日に身柄を取れないとなると、次のチャンスはまた1か月後の診察日となってしまう。その間にまた報復事件が起こる可能性は高い。

11時が過ぎ、12時を回った。

現場では「13時を回ったら出直そう」と、弱気な声が上がり始めた。

そのとき、真田の写真そっくりの、飴色のメガネをかけた男が現れた。

ついに来た！

私は興奮を抑え、ゆっくりと声をかけた。

「四課です」

真田が振り返って目を剝く。「ちょっと話を聞かせてくれますか」と喫煙所にいざなうと、黙ってついてきた。私はタバコに火をつけ、真田にも勧めた。吸い口を挟む指が、かすかにふるえている。

「真田さん、もうおわかりですよね」

「……ええ」

落ち着いているが、視線が宙を泳いでいた。

「ちょっと署まで来てもらえますか」

「どこにですか」

「……………駒込だよ」

サーっと顔の血の気が引いていくのが、手に取るようにわかった。駒込署に日医大事件の捜査本部があることは当然知っていただろう。

「何の件ですか」

私はあえて返事をしなかった。すると、聞こえなかったと思ったのか、もう一度、「何の件ですか」と語気を強めて言った。

私は、「まあ、いいじゃないか。車があるから、とりあえず署に行ってから話そう」と、近くに停車してあった捜査車両に促した。

真田を後部座席に乗せ、私はその隣に座った。改めて自己紹介する。

「私は四課の櫻井です」

「櫻井さん、何の件ですか」

真田は明らかに焦っていた。

それから20分、白山通りをゆっくりと走る車内は重い沈黙に包まれていた。手錠はかけていなかったが、暴れるようなことはなかった。

駒込署につき、真田も我々も黙り込んだまま、まっすぐ取調室に向かう。

白い壁に囲まれた三畳ほどの無機質な取調室に、真田、私、立ち合いの巡査部長の3人が入る。私と真田が、アルミの灰皿だけ置かれた机を挟んで向かい合った。奥に真田が腰をかけ、扉が閉まった。私も腰を掛けた。

張り詰めた空気に、パイプ椅子がきしむ音が響く。

「真田さん、もう逮捕状があるんだよ」

瞼が、これでもかというくらい大きく開いた。

「いま、読み上げるから。ええと……」と、声を張り、職安法違反の逮捕状を読み上げた。

「職安法」という言葉を聞いた瞬間、真田はゆっくりと瞼を閉じ、深呼吸をして肩を落とした。その瞬間、口ひげがにやりとした。そして大きく息を吐きながら、「間違いありません、その通りです！　櫻井さん、どうとでも好きに調書を取っていいですからね」と椅子の背もたれに体重を預け、タバコに火をつけた。吸い口を挟む指が細かく震えていた。

私はこの瞬間、「真田が本ボシだ」と、確信した。

生粋のヤクザ

逮捕に揺れたのは警視庁だけではなかった。矢野や矢野睦会の幹部が相次いで面会を求めた。接見禁止がついていることがわかると、次に矢野は弁護士を通じて、1冊の本を差し入れてきた。戦国武将の「荒木村重」の伝記だった。

荒木村重は1578（天正6）年、主君であった大名・織田信長に「有岡城の戦い」と呼ばれる謀反を起こす。信長は村重の妻子を人質にとり、降伏すれば助けると伝令を出すが、村重は受け入れなかった。妻子や村重側についた重臣の家族は、市中引き回しの上で、処刑された。

「裏切れば身内を含めて皆殺しにするぞ」という脅迫のメッセージである。


駒込署には住吉会系の幸平一家の組員が別事件で勾留中だったため、真田の身柄は巣鴨署に移され、20日間の勾留満期まで、日医大事件には触れないが、ジワジワとその件に迫るような世間話が続いた。

真田は旧時代のヤクザ像を凝縮したような男だった。「極道」や「任侠」を象徴するような男。令和のいまとなっては、時代遅れと言われるような男かもしれない。

1940年代に佐賀県の田舎町に生まれ、高校には進学せず、地元で不良をしていた。お決まりの結果として、10代で住吉会幸平一家池田会に入り、ヤクザとなる。当時、池田会は、極東会系の組と池袋の縄張りを二分する存在で、「池袋抗争」と呼ばれる数年にわたる抗争を繰り返していた。真田は20代半ばで、鉄砲玉として相手の組員を殺害。13年間、岐阜刑務所に服役した。

同じ極東会との抗争で服役していた2歳年下の力石とは刑務所の中で出会い、全幅の信頼を寄せるようになったという。力石が先に出所し、真田も力石のもとに身を寄せた。

力石に対する感情は「心酔」という言葉がふさわしいように思われた。取り調べでも、力石がいかに素晴らしい男であるかについては、目を輝かせて力説した。男が男に惚れるという、ヤクザらしい人間関係だった。

真田はヤクザであるから、属性的に、不良に位置づけられるが、「正義感の強い」不良であった。岐阜刑務所に服役中、懲罰房に44回もぶち込まれていた。すべて「担当抗弁」が理由である。これは刑務官に口答えしたことを意味する。

なにも自分勝手に暴れたり、いちゃもんをつけたわけではない。同じ房や刑務所仲間に対する刑務官の態度に不満を覚えて抵抗を試みたのである。44回という数字は、単なる不注意ではなく、信念をもって刑務官に対抗していたことを物語っている。

真冬の懲罰房は凍えるように寒い。懲罰房なので、週に1度しか風呂に入れない。ある刑務官がその貴重な風呂の機会に、「寒かっただろう。お前、温まれてよかったな」と嫌味を言ったところ、真田は冷水をかぶっただけで出てきたという。真田は、物事の筋目が通らないと、相手が誰であろうと歯向かったようだ。刑務所長から直々に「真田さん、もう勘弁してくれ」と泣きが入るほどだった。

また、自分が殺した相手を供養するためか、般若心経を毎日唱えていたので、完全にそらんじることができた。服役中も堕落せず習字に励んでいたため、ワープロのような正しく綺麗な文字が書けた。

私はT大学病院で真田に任意同行をかける前に、逮捕後の取り調べの準備のために、岐阜刑務所の担当者から人となりを聞いていた。真田の生まれ故郷の佐賀を訪れ、通った小学校や思い出の場所を巡り歩いたりもしていた。たしかにヤクザ者であり、犯罪者であるかもしれない。だが、その前に人間である。取調室で正対し、本当のことを話してもらうためには、まず人間として向き合わねばならない。

その前提を失ってしまうと、取調官である私に、ヤクザが腹を割って打ち明けるなんてことはありえないだろう。だから事前に、真田の過去に触れて、すこしでも彼を理解しようとしたのだ。

取調室では、佐賀と長崎にかかるアーチ橋「西海橋《さいかい》」から見える絶景を思い出し、ふたりで物思いにふけったこともあった。私が真田を観察しているように、真田もまた私をのぞき込んでいる。真実を話すに値する男か、取調官の本気度や性格を観察している。取調室で対峙する中で、私も自然と般若心境を暗唱できるようになっていた。

真田は、仁義が破られ、「掟」が蹂躙されつつある当時のヤクザ社会にあって、ヤクザとしての誇りを体現したような男だった。そういう男だからこそ、組織＝矢野睦会の人間として否認を続けるか、ひとりの人間として真実を話すべきか、揺れているようだった。

「勝負のときが来た」

勾留満期の20日間は日医大の件には触れず、詐欺事件のことや、力石との関係のほか、世間話をして過ごした。そして勾留満期日に職安法違反で起訴された。真田の身分は起訴されたのちは被告人となり、拘置所に移管されるまでの間、警察署の留置場で拘留が続く。

5月3日。世間が大型連休に入った頃、いよいよ殺しの調べに入ることとなった、

「勝負のときがきた。いまを除いて、もう二度と勝負のときは来ないと思え。心を1つに解決に向けて全力を尽くせ。いまこそ、最大限の力を発揮するときだ」

捜査指揮にあたる管理官が居並ぶ捜査員に奮起を促した。

駒込署に特別捜査本部ができてから1年。捜査が大詰めを迎え、各方面から集められていた捜査員も次第に持ち場に戻り、この日、捜査会議に集まったのはベテラン幹部ら十数名であった。そこにいる全員の視線が、取り調べを担当する私と立ち合い捜査官に注がれているようだった。

真田の取調室に向かう直前、警部が耳打ちした。

「情熱だ。情熱、岩をも通す。全捜査員の思いと努力がかかっている。だが、焦ってはいけない。マイペースを忘れるな」

激しくいけということなのか、それとも落ち着かせようとしたのか。わからないまま、本部のある駒込署を出た。真田が拘留されている巣鴨署に行き、立ち合い捜査官と今後の取り調べについて念入りに打ち合わせをした。立ち合いの捜査官は、駒込署の暴力犯係で

私と一緒に取り締まりに専念した同志であり、意思の疎通はできていた。

留置場から取調室に真田を入れ、真田と向き合った。

「今日からは違う調べをするから」

すると真田も落ち着いて、

「わかってますよ。こっちが本丸なんでしょう」

と応じた。

職安法違反の取り調べの中で、真田も勘付いていたのだろう。そしてこう呟いた。

「俺は言いませんよ」

対決姿勢を改めて宣言された形ではあったが、私は、長い取り調べの中で、真田の実直な性格に感心していた。この男は、嘘をつき続けられるような卑怯な気質ではないはずだ。

雑談を交えながら、日医大病院の事件についてこちらが把握していることを徐々に話していく。

「石塚は誰にやられたか言わなかったんだ……」「ホシは千駄木の駅で降りてさ……」「あのとき、俺は病院にいて、ヤクザがいっぱい押しかけてきて大変だったんだから……」

真田も「ああ、そうだったんですね。あのとき、あそこにいたんですか」とすこしずつ、応じるようになった。雑談の中でも、当局はここまで調べ上げているんだぞ、もう逃げられないんだぞ、という気迫を真田に示しつつ、私は続けた。

殺しの取り調べに入ってから、17日が経った。この日まで、朝8時から夕方まで、懇々と日医大病院のことをしゃべった。お互いに喧嘩別れして、留置場に戻すこともあった。

殺された石塚と真田は面識もなく、個人的に憎しみを持っていたわけではない。敵対組織の組員ならば、ヤクザとしての筋を通したと自分で消化できたかもしれないが、石塚は同じ住吉会の組員である。

だがヤクザは、相手が誰であろうと、親分が殺せといったら殺すのである。

「あんたが殺ったんだろ」

その日も朝から何時間も取調室で対峙しており、間もなく終わろうとしていた頃だった。真田が意を決した表情で、こう言った。

「櫻井さん、カーブとか、変化球は、もういいですから。直球で来いよ」

私は、「これこそが、待ちに待った勝負のときだ」と思った。もちろん野球の話ではない。聞きたいことを、ストレートに聞いてくれ、というサインだった。

「直球でいいなら、直球で行くよ……。真田さんさ、あんたが石塚を殺《や》ったんだろ」

その瞬間、真田の喉仏が2度、隆起した。生唾をごくりとのみこむ音が、聞こえるようだった。

そして、居住まいを正し、まっすぐこちらを見つめた。

「私がやりました」

見開かれた目から、ほろりと雫が落ちた。

日医大事件の1年数か月に及ぶ捜査の結果、ようやく犯人が自供した瞬間だった。

ああ、真田はこれから長い懲役に行くのか。前の殺しで娑婆に出てきたばかりなのに……。いま50代半ばだから、出てきたときには……。

取調官として自供を取りながらおかしいと思われるかもしれないが、真田のこれからの人生を想像してしまい、気づけば私も涙していた。

「よく言ってくれましたね。つらかったな。食事の時間だから、一度、房に戻って食事をしてきてください」

「俺はこれからどうしたらいいですか」

「食事後また調べます。そのとき、紙（上申書）に事実を書いてもらいます」と告げ、いったん留置場に戻した。

捜査幹部の中には、「ホシが落ちたら、気が変わる前にそのまま続けて上申書を書かせるべきだ」という意見があることも知っていたが、私と立ち合いの刑事はあえて、真田を留置場へ戻した。なぜなら、食事時間の終了後に取り調べを再開したとき、話が変わって否認に転じれば、それは本当に落ちたということではないとわかるからだ。それならば結局、裁判のときに供述が覆ることもある。

真田が留置場に戻っている間に駒込所の捜査本部に連絡し、食事の後に上申書を書くことを伝えた。皆、上申書ができ上がるのを心待ちにしている様子だった。食事から戻ってきた真田は前と変わらず、自らの犯行を話し、自ら事実を書き進めた。取り調べが終わった瞬間、立ち合い捜査官と「これからが大変だぞ。まだ気を抜けない」と気を引き締めあった。

普段はワープロで打ったような美しい文字を書く真田だが、手書きの上申書の文字は震えていた。無理もない。だが、しっかりとこう記してあった。

《私は現在、職業安定法違反で起訴、巣鴨署に留置されている者です。平成14年2月25日午前9時頃、文京区千駄木にある日本医科大学病院集中治療室にいた、住吉会幸平一家矢野睦会相談役、石塚隆を殺したのは、力石正彦（注：仮名）、真田光男（注：仮名）の2人で、殺害に使用したのはけん銃です。殺害を指示したのは住吉会幸平一家矢野睦会会長、矢野治です。けん銃とハンマーは荒川に投げ捨て、真田が処分しました。》

ただちに、この上申書を駒込の捜査本部にファックスした。すぐに警視庁の組織犯罪対策部の部長、四課の課長から反応があった。

「よくやった。けん銃が出たらもう解決だ」

検事からは「供述の通りに、けん銃をどうしても見つけてください。見つけられなければ解決にならない」と次なる指示が飛んできた。

自供を取った5月20日の翌日から、「引き当たり捜査」に取りかかることとなった。犯人を現場に連れて行って、犯行時の動きを再現する――犯人を引き連れて、現場を当たることから、こう呼ばれるようになった。

重要なのは、けん銃が見つかるかどうかだ。投棄場所は犯人しか知りえない情報であり、「秘密の暴露」ということで供述に信憑性が増す。否認している矢野や力石を起訴するために、真田の供述がどれだけ正確なのかは、重要な意味を持っていた。

実行犯の供述

真田の供述をもとに、話を巻き戻そう。

事件の発端、石塚が路上で最初に銃撃されたときだ。

真田は、石塚を襲撃した直後の力石と合流し、自分の車に乗せて日医大病院まで運んでいた。当初、力石は「石塚が撃たれた」と、自分とは無関係のように真田に話していたが、日医大病院に向かう車内で「実は石塚を撃ってしまったんだ」と告白したという。

そのとき、力石の携帯には、矢野から執拗に電話がかかってきて、「石塚を生かしておいたら全部警察に話しちまうぞ、どうするんだ！　おい、力石総本部長、総本部長！」とプレッシャーをかけられていたという。電話を切ると力石は「俺にやれってことだな……」とため息交じりに漏らしたが、すぐに厳しい表情に戻っていたという。もう、日も沈みかけていた。

日医大病院に着いたのは、夜の8時だった。

そのとき、力石が真田に指示した。

「俺が正面から病院に入って強行突破し、石塚を殺る。お前は病院前で逃走のために車で待機してくれ」

しかし、病院内には私を含めた警察が大勢いて、とても強行突破はできないということになった。翌朝に延期することになり、夜10時頃に解散した。

その日の夜中2時、力石から電話があり、明日は朝7時に自宅まで車で迎えに来てくれ、と言われた。ところが朝、真田は寝坊をしてしまい、車で直接、日医大病院に向かった。

力石は、「集中治療室の前にはまだ警察がいるが、裏側からガラスを割れば簡単に入れる。ただ、ベッドの位置がわからないと難しい」と悩んでいた。すると病院の中から矢野が現れ、力石にベッドの位置を伝えたという。

真田は当初、逃走車両の運転だけをするものと考えていた。しかし、その場で、病院の窓ガラスをハンマーで割る役を買って出て、「力石のためだ」と決心した。

真田と力石は近くのコンビニや金物屋でハンマーやマスクを揃えた。植え込みを乗り越えて、力石と目を合わせ「行くぞ」と暗黙の合図で、ハンマーを思い切り振って、ガラスを破壊した。一瞬、看護師たちの驚く顔が見えた。真田は一目散に走り去り、背中で銃声を聞きながら車に戻った。そして、後から乗り込んだ力石を乗せて、現場を後にした。

しばらく車で上野方面に走った後、力石を千駄木駅前に降ろした。その後、道具の処分を依頼され、ハンマーを埼玉県朝霞《あさか》市の荒川本流に、けん銃をさいたま市の支流に捨てた。

「タマちゃん」出没で難航した捜査

ハンマーが捨てられたのは、やっかいな場所だった。川底が泥岩状態で固く、投げ捨てられた物が、その場所には沈まない。川の流れに押されて、別のところへ運ばれて行ってしまうのだ。またこの頃、投棄場所の下流にアザラシの「タマちゃん」が出没し、多くのマスコミと見物客が押し寄せていた。大規模に川底の土砂をさらうと、下流が濁って「タマちゃん」が逃げてしまう可能性があり、引き当たり捜査がマスコミの注目を浴びる事態となる恐れがあった。

支流では、真田を現場まで連れていき、実際のけん銃と同じ形状・重さのものを何度も投げ込ませた。そして、落ちた場所をダイバーたちが手探りで捜索。しかし、発見には至らない。投棄から1年以上も経っていたので泥が溜まっていたことと、何度かの台風により川底がうねり回っていたために、流されてしまっていたのである。

そこで、5月29日からユンボで川底の泥を救い上げ、金網を通して細かい土砂を洗い流す方法での捜索を行なった。網に残るのは魚や鳥の死骸、不法投棄物ばかり。泥と悪臭と格闘する日々が続いた。捜査指揮の警部、管理官までも作業服に着替え、泥の中に入った。

真田の自供から約1か月が経った6月下旬。

梅雨入りし、川の水量も増してきた。台風でも来れば、もうけん銃は見つからない。じめじめした暑さの中、日が傾きかけていた。

捜査員の多くがあきらめかけていたそのとき、金網に黒い泥の塊が引っかかった。

「あれ、けん銃じゃないか」

作業していた捜査員が呟いたと同時に、警部が金網に飛び乗った。

「本物だ！　やった！　秘密の暴露だ！」

真田が供述した通り、けん銃には、犯行の3日前に買ったという日刊スポーツが巻かれていた。これで、真田の供述の正しさが、強力に裏付けられた。

引き当たり捜査の最中も、私は真田を取り調べていた。

「櫻井さん、やったのは俺ひとり、ということにできないか」

当初はそう懇願してきたが、経緯を詳しく話す中で、覚悟を決めたようだった。

「トカゲの尻尾切りだけは、ダメですよ」

四ツ木斎場事件で実行犯の身柄を出させた警察が、ふたりだけを起訴して稲川会の首脳を摘発しなかったことへの不満が、矢野睦会による果てしない報復、石塚の粛清に繋がったことを、真田も理解していた。それを念頭に、「今回は警察もちゃんとしてくれよ」と暗に伝えているのがわかった。

2003（平成15）年9月、組対四課は日医大事件の実行犯として、矢野治、力石正彦、真田光男を殺人と銃刀法違反容疑で逮捕した。

荒川支流の川底から見つかったけん銃

前橋スナック銃乱射事件も解決

「櫻井さん、実は俺、群馬の件もいろいろ絡んでるんですよ」

真田がそう供述したのは、日医大事件で矢野、力石を逮捕・起訴した頃だった。

「群馬の件」とは、2003（平成15）年1月の前橋スナック銃乱射事件である。群馬県警は前橋東署に捜査本部を設置し、100人態勢で犯人逮捕を急いでいたが、前述の通り、矢野睦会による「替え玉」に1か月間踊らされ、捜査は難航していた。

無関係の市民3人が撃たれて死亡するという前代未聞の事件に、群馬だけでなく東京の警察幹部も危機感を強めていた。

警察のトップである警察庁の佐藤英彦長官は、発生直後の1月末の会見で「群馬県警が、狙われたと見られる人物を相当警戒してきたが、このような結果になり残念」「いまの法律では、狙われている暴力団がいても行動は自由。市民と接することが難しい状況に置く仕組みを考えなくてはならない」と、暴対法の見直しを示唆した。

警察庁は2月3日、群馬、東京（警視庁）と、神奈川、埼玉、千葉、茨城、栃木、福島、宮城の9警察を招集し合同捜査会議を開いた。その席で冒頭、警察庁暴力団対策部長が「今回の事件は社会に対する重大な挑戦。事件を解決し、再発を防止するため、都県の垣根を越え、組織をあげた最大の取り組みをお願いしたい」と念を押し、迅速な結果を求めたのだった。

群馬の捜査本部は、乱射事件を「石塚も参加していた02年2月頃からの大前田一家への襲撃計画」の一環であると見て、02年7月の襲撃に参加していた力石と矢野を火炎放射器製造容疑で逮捕していた。しかし、肝心のスナック事件の実行犯は不明のまま。

そんな頃、真田は私に、実行犯を海外逃亡させる手筈に関与していたと明かしたのである。私は当初、職安法違反で真田を逮捕した。真田が池袋で違法な人夫出しをシノギとしていたからである。人夫出しは、数多くの浮浪者も相手にする。そしてたいてい、ホームレスは小銭さえもらえれば自分名義のパスポートに頓着しない。真田はそこに目をつけた。スナック銃乱射事件の実行犯の小日向将人に、浮浪者を利用して作った他人名義のパスポートを渡して、フィリピンに高飛びさせたと言うのである。

この供述を受けて駒込署では、真田が示した時期にフィリピン入りした邦人全員を調べ、真田が用意した浮浪者の名前を探し出した。最終的に、フィリピン当局の協力を得て実行犯の小日向を拘束、強制送還までこぎつけた。

03年10月、日本の領空に入ったところで旅券法違反で逮捕。その後、小日向は前橋東署に移送され、04年2月、殺人で起訴された。この逮捕により、前橋スナック銃乱射事件も矢野の指示だったことがわかり、日医大事件に続いて殺人で起訴された。

真田の供述なくして、群馬のスナック乱射事件の解決もなかったのである。

前橋スナック銃乱射事件が解決した後の04年4月に暴対法が改正され、指定暴力団の対立抗争で人命が被害を受けた場合、指定暴力団の代表者が損害賠償責任を負うことを定める条項が追加された。これは明らかに、事件を受けてのものであり、事件解決なくして改正はあり得なかっただろう。

「仁義破り」の四ツ木斎場事件から続いた日医大事件、前橋スナック銃乱射事件は、主犯である矢野睦会会長・矢野治が最後まで「覚えていない」と犯行を認めなかった。しかし実行犯・真田光男の自供により、08年、矢野には死刑判決が出た。

まさか、それから何年も後に、因縁のホシである矢野と再び対峙することになるとは、思いもしなかった。

平成の殺人鬼　矢野治

2016（平成28）年5月、『週刊新潮』が《永田町の黒幕を埋めた『死刑囚』の告白》と題する記事を掲載した。

かつて大型詐欺事件「オレンジ共済事件」に関与し、1998（平成10）年に行方不明となった不動産ブローカー・斎藤衛さんを、自分が殺して埋めた。96年に行方がわからなくなった不動産業の津川静夫さんも自分が殺した。

２０１４（平成26）年9月に渋谷署と目白署、そして『週刊新潮』編集部に手紙を送りつけ、衝撃的な告白を行ったのは、獄中で刑の執行を待つばかりであるはずの、あの矢野治だった。

その頃、警視になっていた私は、新宿署の組織犯罪対策課長として勤務しており、矢野の告白騒動を聞いていた。その後、15年9月に組織犯罪特別捜査隊副隊長に着任し、16年に組織犯罪対策第四課の管理官に就き、矢野の告白事件を担当、指揮することとなった。

実際、斎藤さんを埋めたとされる埼玉県の山林を掘り返す作業は困難を極めたが、当時の捜査員らの執念が実り、白骨化した遺体が出てきた。私は東京拘置所の矢野の独居房を捜索するなど一連の捜査に携わった。

矢野は、戦後初となる死刑確定の逮捕者となった。その後も新たな告白から、2体目となる白骨死体も発見された。矢野はいつしか、捜査員の間で「平成の殺人鬼」と呼ばれるようになった。私が、石塚の路上銃撃事件の直後、日医大病院のロビーで対峙したヤクザ者は、すでに数々の業を背負った悪魔のような男だったのだ。

日医大事件、前橋スナック銃乱射事件は、矢野の狂気に触れた組員の暴走が引き起こしたという側面がある。大前田一家に「バズーカ砲を打ち込もう」という気がふれた計画や、日医大病院の集中治療室を突破して暗殺するなどという無謀な発想は、矢野という存在なくして出てこなかっただろう。

日医大事件で矢野は、まさに殺そうとしている病床の石塚に会い、「大丈夫か、頼むぞ」などと声を掛け、石塚の葬式でも平然と棺を担いでいた。

前橋スナック銃乱射事件では、犯行直前、配下で実行犯の小日向から「スナックに客がいますが、どうしますか」と電話で相談されていた。それに対し矢野は、公判の記録によると、「中にいる奴は全部、相手の仲間だ。これはゲームだから、深く考えず、やっちゃえ」と背中を押していた。

ここで初めて明かすが、この前橋スナック銃乱射事件には、もう1つ、知られざる矢野の狂気が潜んでいた。

実は小日向は、スナックで銃を乱射している最中に、後ろから銃撃されていたのだ。幸いというべきか、こめかみを狙ったであろう銃弾は、顔をかすった程度で大事には至らなかった。おそらく矢野は、追い詰められた小日向もどこかで裏切るかもしれないと思い、どさくさに紛れて殺してしまおうとしたのではないか。

矢野は自分を守るためなら、配下の組員でもすぐに殺してしまうような性根の持ち主だった。私は矢野が若い衆に強いシャブを打って、「こいつは生かしておいてもしょうがない」といって殺した、という話を矢野配下の元組員から聞いている。首都圏の山林にはまだまだ、矢野に殺され、人知れず埋められたホトケたちが眠っていると確信している。

そんな殺人鬼の矢野が過去の殺人の数々を告白したのは、自らの罪を悔い改めて、などではなく、日医大・前橋スナック銃乱射で自分の死刑が確定したからだ。

新たな殺人の捜査が始まれば、公判中は、死刑執行を免れるという目算があったのだろう。だからこそ、矢野はすべての殺人ではなく、マスコミの注目を浴びるような案件を選んで告白したり、途中で告白を撤回したりした。

前橋スナック銃乱射事件から17年が過ぎた２０２０（令和２）年1月26日朝、矢野は、東京拘置所で遺体となって発見された。鋭利な刃物で首筋を何度も切りつけ、出血多量で自死したという。

四ツ木斎場でヤクザが放った弾丸と、それに続く一連の抗争事件は、日本のヤクザ史を思わぬ方向に導いたという側面がある。

事件から始まる一連の抗争事件で、関東の稲川会、住吉会の関係には、少なからぬわだかまりが生じ、その後の関東ヤクザの勢力図は大きく変貌を遂げる。山口組の台頭である。

2005（平成17）年、赤坂や六本木を縄張りとする国粋会が関東二十日会を離脱、山口組へ参加。06年には、稲川会の現会長（六代目）が、山口組弘道会三代目会長にして、山口組若頭補佐と五分の兄弟盃を交わした。

一連の抗争事件は、関東ヤクザの心理に「関東とて、一枚岩ではない」という意識を植え付けたに違いない。関東のヤクザ社会の秩序に生じた亀裂に食い込んできたのは、皮肉にも、共通の敵・山口組だったのである。

第4章

頂上作戦——極東会

広く知られた話だが、ヤクザ社会には小指を切断する「指詰め」や「エンコ詰め」と呼ばれる慣習がある。重大な不始末を起こした場合や、組同士が揉め事を起こしたときの「ケジメ」として、自らの小指を切断し、謝罪する相手方に差し出すというものだ。

小指を切断するときは、出刃包丁やノミをトンカチで叩き、一気に切り落とすのだが、当然、痛い。激痛を伴う断指だからこそ、相手に対する謝罪の印となる。

もしすでにどちらかの手の小指を切断している場合、もう片方の小指を切断して差し出すことになる。もし、両手の小指を落としているならば、次は薬指の第二関節。それもないとなると、中指……ということになる。

さすがに中指まで失うほど下手を打てば、ヤクザをやめたくなるのではないかと思うが、実際に指が2本しかないヤクザは存在する。日医大事件のホシ、矢野睦会会長・矢野治は、人差指と親指しかなかった。

暴対法施行から20年以上経ち、半グレがメディアの注目を集め、暴力団が衰退の一途をたどっていた2013（平成25）年、この伝統に異常なこだわりを持つヤクザが、嫌がる相手を押さえつけ、無理やり小指を千切ってしまうという狂気の事件が起こった。

結果的に、ヤクザ社会の重鎮である極東会会長・松山眞一への「頂上作戦」に発展することになるが、このときはまだ小さな内輪揉めだった。

「東京・池袋を本拠地にする極東会の枝の組長が、無理やり小指を千切られた。被害者である組長も被害届を出すといっているから、急ぎ、事件をまとめてくれないか」

13年の9月、当時、警視庁本部で組対四課の係長だった私は、所属長である組対四課の課長室でこう告げられた。「この組を追い詰めるいい機会だ」と、課長は付け加えた。

弱体化のための集中戦略

警視庁の組対四課では、住吉会、稲川会といった関東の主要組織や、勢力を拡大する山口組などを研究し、勢力弱体化を狙った「集中戦略」を立てている。どのシノギを取り締まれば資金を断てるか、どの組員を摘発すれば組織が弱まるか、という作戦である。

極東会は組員数こそ中規模程度だが、関東のヤクザ社会の中でも一目置かれる存在である。常日頃、隙あらば組織壊滅を狙っている警視庁にとって、この内輪揉めはチャンスになり得ると映った。

私は四課長に呼ばれる前、ある大物組長の頂上作戦をほかの警察本部と合同で手掛けていたため、その流れの中で「櫻井係長にやらせよう」と肩を叩かれた。事案の概要を聞くと、小指を千切られたヤクザと、加害者のヤクザは、同じ極東会の組長クラスだという。

ならば、モタモタしていられない。

内輪揉めは、落着まで時間を食わない。上のヤクザが解決に動き出すと、一瞬にして身内の論理で「手打ち」となって事件が片付けられてしまう。迅速に被害届を取り、早期に事件化するのが、この種の事案の鉄則だ。

ニッパーで無理やり小指を切断

被害者は60代の極東会系組長。この男、人生の大半をヤクザとして生きてきたようだが、人柄はごく温厚。それこそ、〝昔かたぎの下町ヤクザ〟というのがしっくりくる男である。

それが極東会の会合で、別の組織に属するイケイケの組員に因縁をつけられたという。その場はどうにか収まったが、因縁をつけた連中の腹は煮えたままで、後日、目出し帽をかぶって組長の自宅に乱入。数人がかりで組長の体を押さえつけ、ニッパーで無理やり小指を切断してしまった。目出し帽を着けていたため、具体的なホシの名前は挙がっていなかったが、明らかにイケイケの組員らによる犯行である。

指詰めというしきたりは、あくまで本人の自発的行動という建前によって成立している。嫌がる相手を覆面で襲って指を強奪するのは、渡世の常識を踏み越えた異常な行動だった。

組長宅の防犯カメラの映像を解析した結果、襲撃犯は合計6人。ひとりは運転手役なので、実際に組長宅に押し入ったのは5人。その車を追跡すると、なんと極東会の本部から出発しているではないか――。

関東ヤクザ社会のフィクサー

極東会は新宿歌舞伎町を拠点とする的屋系組織で、組員は500人弱と、山口組、稲川会、住吉会などの巨大組織に比して、規模は大きくないように見える。

だがヤクザ社会での存在感は巨大組織に匹敵する。的屋組織としては国内最大級かつ、老舗だ。その成り立ちは住吉会と似通っている。的屋とは前述の通り、祭りや縁日で商売をする露天商であり、もとは小さな組織がそれぞれ独立していた。それらの的屋を、初代会長の関口愛治がまとめ上げたのが極東会である。

特筆すべきは、五代目会長の松山眞一のカリスマ性である。松山は1984（昭和59）年、西の山口組の東京進出に対抗するために関東の賭博系組織がつくった「関東二十日会」と連携する形で、的屋系組織の親睦団体・関東神農同志会をまとめた。

関東二十日会とは合同食事会を開く友好関係を築き、関東のヤクザ社会を語る上で、松山は外せない存在となったのである。稲川会、住吉会、松葉会といった関東の巨大組織のトップとも親戚づきあいがあり、極道社会のフィクサーといっても、過言ではない。

渋谷での銃撃事件に発展

「極東会指切重傷傷害事件四課共同捜査本部」

池袋署の10階、改装したての殺風景なワンフロアに、パーテーションを立てただけの部屋。そこに看板を立て、警視庁組織犯罪対策第四課第3暴力犯8係は捜査本部を設置した。暴力犯8係の係長は、警部の私である。岡本ホテル事件（後述）のときもそうだが、私の班が捜査本部を立ち上げる場合、まず部屋を確保するように、所轄にはお願いしている。

帳場はきちんとした部屋の中にあるべきだ。私は基本的には、そう考えている。ガヤガヤしている場所では捜査に身が入らないし、情報が漏れたり、同じフロアにほかの課のシマ（デスクの集まり）があったりすると、違う事件の情報が入ってくるなど集中できない。共同捜査本部には池袋署のほかに、中野署、駒込署、高島平署のマル暴刑事にも加わってもらった。6人のホシのうち、何人かが管轄にヤサを持っていたためだ。ところが、いざ、容疑者たちの逮捕のXデーを迎えようとした矢先、渋谷で被害者の組長の若い衆が銃撃される事件が起きてしまった。

警視庁では目下、「指切事件」を捜査していたので、この発砲事件は、被害者の組長の被害届提出に対する報復と判断されることになった。

月島署にも脅迫事件で帳場

そこで、渋谷での「発砲事件」は四課の別の班が、所轄の渋谷署に捜査本部を設置し、「指切事件」と連携を取る形となった。表向き、池袋と渋谷の事件はバラバラに捜査を進めているように見せていたが、実際には本部の四課が指揮を執っていたのである。

「松山のケツを洗え」

四課長は、現場の捜査員たちに強烈な発破をかけた。ケツを洗えとは、関連する情報を徹底的に集めることを指す。

その結果、極東会の当時のナンバー2が2013（平成25）年頃、極東会の会合で現場に居合わせた元組員に「破門になった奴が何でいるんだ。出ていけ。ぐずぐず言っていると殺っちまうぞ」と一喝したというネタを、我々は入手することができた。平時であれば、事件にならないような話である。が、我々暴力犯8係が池袋署で始めた事件が、渋谷で銃撃事件に発展。頂上作戦に駆け上がろうとしていた時期だったので、些細な情報でも逃すわけにはいかない。組対四課はこの幹部による脅迫事件の帳場を月島署に設置した。

ガサ入れで「指2本」

渋谷の銃撃事件に世間の注目が向く中、我々の「指切事件」捜査は大詰めを迎えた。実行犯が所属する組へガサをかけたのだ。

目当てのモノはすぐに出てきた。

組事務所にある冷蔵庫。一般家庭では飲み物だとかが入っているスペースに、もともとは整腸剤か何かが入っていたと思われる小さな薬のビンがあった。フタを開けて見ると、中には、ホルマリン漬けの指が浮かんでいるではないか。

シリアルキラーではあるまいし、人の指なんかを取っておくのはおかしいかもしれないが、ヤクザからすれば、ケジメを取った証ということで、大事にとっておいたのだろう。

ところが困ったことに、その指とは別に、なんともう1つ、正体不明のホルマリン漬けの指まで出てきた。

「櫻井係長、指が……2本あるんですけど」

「なんで2本あるんだ?」

警察としては、指が被害者のものであるかどうかが重要なので、しかたなく「2本とも押さえてこい」と捜査員に指示を出した。

小指は時間が経つと、皮膚が収縮してシワシワの状態になり、色を失い不気味なほど白くなる。この事件を担当した若い女性検事は、指の写真を見て顔をしかめていた。

ふたつの指をDNA鑑定にかけたところ、無事、1本が被害者の組長のものと一致した。

もう1本は「違う人間の指」ということになるが、指切事件の捜査本部には必要ないので、〝所有者〟である組に返すことになった。

こうして「指切事件」は物証が挙がり、実行犯6人を全員逮捕することができた。

署間連携で頂上作戦完遂

その間に、四課長の厳命を受けた我々は、松山の身辺を徹底的に洗う作業に入った。これまで池袋、渋谷、月島の捜査本部で相当数の関係者を調べていた。すると、積み重ねてきたガサで得た物証や供述から、松山は娘名義の銀行口座を使っていることが明らかになった。

そのような内偵捜査を継続していた最中、私は、管理職として新宿署の組対課長を命ぜられ新宿署に着任することとなった。後の捜査は精鋭揃いの暴力犯8係員に託した。彼らの卓越した捜査により、問題の口座はつぶさに解明され、銀行に虚偽の書類を提出したことが突き止められて、詐欺容疑を適用できると判断され、事件化することになった。

この事件の捜査本部は、奇しくも私が異動した先の新宿署に設置された。

こうして、四課長の指揮の下、池袋署で端緒となる「指切事件」に着手した後、渋谷署で発砲事件、月島署でナンバー2の脅迫事件を追い、最後、新宿署で松山本人の詐欺事件を摘発することができた。本部の四課主導の署間連携でなしえた「頂上作戦」は、こうして完結したのだった。

松山は事件後、極道社会からの引退を宣言した。

第5章

マル暴とヤクザとメディア

最初に「サツ回り」の訪問を受けたのは、岡本ホテル事件（後述）などの経済事件を担当していたときだっただろうか。私は50代前半で、警部として警視庁本部の組対四課の係長の任にあった。

朝6時、帳場に出勤するために自宅を出ると、スーツ姿の記者が立って待っていた。「○○新聞です、おはようございます～」と歩み寄ってくる。彼らは、新聞やテレビ局の社会部に所属する記者で、警視庁の担当。いわゆる夜回り、朝駆けと呼ばれる取材だ。

記者たちは、家の近くにハイヤーを待たせて、歩いてくる。彼らなりのルールがあり、家にはひとりで聞きにくる。もし、ほかのテレビ局や新聞の記者がいると踵を返して、翌日に再訪する。

一度、朝日新聞の記者がインターフォン越しに「朝日新聞です」と名乗った。そのとき、私はもう外出していて、家内が出た。

「うちは読売新聞を取ってますから」

家内には、サツ回りなど関係ないし、知りもしない。新聞購読の営業がきたと思ったのだ。朝日の記者は大笑いしていたそうだが、私が読売の読者だと知ったときの気持ちはどんなものなのだろうか。

記者たちは普段、警視庁の記者クラブに詰めていて、警察が重要事件の発表をすると、それを書く。なんだ、自分たちだけが独占的に、警察からおさがりの〝大本営発表〟をもらって、それを書いているだけじゃないか——その指摘の半ばは当たっているが、半ばはそうでもない。新聞やテレビの最大の役割は毎日、最新のニュースを報道することだ。となれば、いわゆる事件や事故については、全国の警察から最新情報の提供を受けるしかないだろう。すべてのニュースを深掘りしていては「毎日、幅広い情報を更新する」という役目を果たすことができなくなってしまうからである。

ただし、警察情報を基にするといっても、各紙各局の記者たちがまったく同じ情報を流しているわけではない。記者たちは独自情報を付け加えるために夜回り、朝駆けを行う。あらゆるルートを駆使して警察幹部に非公式に取材しようとする。うまくいけば捜査中の事件を聞き出し、事件化のXデーの前日や朝に報道する。彼らは、他社に先んじて書いたことを「抜き」、当日の他紙で知って、慌てて取材することを「抜かれ」と呼ぶ。

喋っていいのか？

夜回り、朝駆けにやってくる記者たちは、何気ない日常会話の中に織り交ぜる形で、「そういえば、○○の件は四課でやっていますか」と探りを入れてくる。それだけでなく、駅まで一緒についてきて、同じ急行列車に乗る者までいた。だが、建前論でいえば、昔から続く「警察と新聞記者」の、このような関係はおかしい。

そもそも、警察官や各種の公務員には、守秘義務がある。法律上では、警察官は進行中の捜査について、第三者に話してはならないのである。だが、それならばどうして、新聞記者たちは私の家の住所を知っており、私がどの事件を担当しているか知っているのか。

「櫻井さん、○○の件、やっていますよね」

記者たちが口火を切るとき、前提となる情報はほとんど間違っていない。なぜなら、私のような現場を統括する立場の刑事に会いに来る記者たち——正確には、彼らの上司たち——は、警察の上層部から情報をもらっているに違いないからだ。けれど、すくなくとも現場の我々は、記者に情報を漏らしてはならない。

この「上層部からと思われるリーク」が面白いのは、記者たちの情報源が、必ずしもディテールまで正確な情報をもっているとは限らないというところだ。それはたとえば、組対四課の情報をリークしているのが、四課のトップではないという意味である。

「○○の件、いついつがXデーですよね」

Xデー（ガサ入れや逮捕）のような最重要の情報を、担当している管理官が漏らすことは考えにくい。こういった場合は、四課以外の別の警察幹部が漏らしているのだろう。

「○○の管理官の班が、いつガサみてえだぞ」といった具合に。

間接的なルートから情報をとってきた記者の中には、明らかにおかしな筋読みを披露する者もいる。何も話してはならないのだが、あまりにもひどい場合は、「それはないんじゃねえのかな」と呟いてしまうこともあった。そう、毎日新聞の記者が、矢野の告白事件（第3章参照）の際に見当違いな筋読みを吹っかけてきたときは思わず、「それはちげえだろ！」と反応してしまった。ひょっとすると、記者の作戦だった可能性もあるが。

そうしたダイレクトなやり取りだけでなく、間接的な状況から、捜査班の動きを読む記者もいる。事件の捜査が佳境に入ると、私はほとんど家に帰らず、帳場に泊まり込むことが多かった。勘の鋭い記者はそれだけで「係長の留守が続いている……。となると、あの事件のXデーは近い」と察しをつけて動く。対して、若手の記者は「係長がぜんぜん摑まらない。どうしよう」と慌ててしまう。無事に捜査が終わった後、「俺が家に帰ってないんだから、ピンとこなきゃダメじゃないか」とアドバイスしたこともあった。

関係性が構築されてくると、記者から酒席に誘われる機会も増える。けれど、現役時代は一度も行かなかった。すべて断っていたので堅物だと思われたかもしれないが、酒席は公務ではないので、自分を律するためにも仕方のないことだった。

警視庁本部の課長クラスになると、一種の公務として番記者との懇親会があり、若手の記者たちと飲むこともある。組対部長や各課長は記者会見や、重要事件の発表のレクをするので、意見交換のために懇親会は必要だろう。

ヤクザ専門

カタギの世界におけるヤクザの専門家は、マル暴刑事だけではない。先に記したヤクザ事案を扱う新聞やテレビの記者たちの立ち位置は基本的に警察側だが、実話誌の編集者やライターはヤクザ側に近いポジションをとる。

なぜなら、実話誌の売りである暴力団組長の逸話や組織図、催事への「潜入取材」は、潜入の語感に反して、当事者である暴力団の協力がなければ不可能だからだ。ヤクザは、損得勘定にシビアだ。実話誌に出るのは、それが組の利益にかなうからである。

雑誌を通じて、塀の内外の不良たちにアピールするわけだ。自分たちの組はこれだけ大きいんだ、力を持っているんだ、街を仕切って闊歩しているんだと示し、若い衆のあこがれを募らせる。雑誌で褒められれば、末端の組員の士気も高まる。盃をもらいたいという不良も増えるかもしれない。

では実話誌のライターは、どうやって暴力団の取材をするのか。組事務所にいきなりピンポンして取材申請というわけにはいかない。基本的には、ヤクザ側のスポークスマンを通して話をとりつける。企業で言うところの「広報担当者」といった位置づけだ。

スポークスマンは、実は私たちマル暴の相手をしているヤクザの場合も多い。それは組の幹部が捕まった際に、組織の中で警察とのやり取りを任される者。つまり、それなりの幹部だ。下っ端が来ても、単なるメッセンジャーでは警察が納得しない。とはいえ、本家の組長を出すわけにもいかないので、力のある三次団体の組長あたりが対応を引き受ける。

私は、昔から実話誌を熟読していた。実話誌に載っている組織図や、組の沿革などの情報はほぼ間違いないからだ。暴力団の協力を得て作っているのに、間違いをやったら、その記者はケジメを取られて大変なことになるだろう。もちろん、事件についての記事には誤りも多い。だが、それは「ヤクザ側が信じていること」もしくは「読者（世間）に信じてもらいたいと考えていること」なので、資料として使い道がある。

実話誌と同じ意味で、ヤクザの告白本やノンフィクションにもなるべく目を通すようにしている。

ヤクザと映画

かつて、最もヤクザに近かったカタギは、ジャーナリズムではなく映画産業だった。ヤクザ映画といえば、誰もが東映の『仁義なき戦い』シリーズを思い浮かべるはずだが、ヤクザと映画人の関係を最も露骨に示したのは、深作欣二監督がヤクザ映画をやめるに至った作品『北陸代理戦争』だろう。

この映画は企画段階から福井県の川内組、組長の川内弘の全面的な協力を得て作られたという。川内組は、山口組系の菅谷組の枝の組織だ。

山口組（三代目）の最高幹部である菅谷組組長の菅谷政雄【ボンノ】は、川内に映画の製作を止めろと命じたが、川内と東映は止めなかった。監督の深作と脚本家の高田宏治は、川内と菅谷の現実での対立関係をそのまま映画に持ち込み、作品の柱は極道社会のタブーである「親殺し」に定められた。

また、川内は、親筋であるはずの菅谷を飛び越え、山口組の直参になろうとするなどし、菅谷の怒りを買っていた。映画『北陸代理戦争』の公開から約1か月半が経ったとき、川内は、菅谷が放った暗殺団に射殺され、川内組は壊滅。同時に、身内の組長を殺した咎で、菅谷も山口組から絶縁された。

これ以降、深作監督は実録ヤクザ映画を撮らなくなった。まったく褒められた話ではないが、実録路線のヤクザ映画はかぎりなく本物である。マル暴の立場からいえば、ずいぶん勉強になった。

若い人たちの間では、ヤクザの醜い姿を描いた『ミンボーの女』で、監督の伊丹十三が襲撃を受けたことの方が知られているかもしれないが、映画界は長きにわたって、暴力団と密接な関係を築いていたのだ。

なお、ヤクザを題材とすることで身に危険が及ぶ可能性がある場合、警護にあたるのは組対三課である。

私は、暴力団関係のノンフィクションや、ヤクザ本人の回顧録、実録映画はできる限り、すべて見るようにしている。自宅の書斎はこうした書籍や資料で埋め尽くされている。

そうした作品には、捜査情報では網羅できない組の沿革や、組長の思想、生きざまが描かれている。私は警察として、「敵」である暴力団をよく知らなければいけない。

暴力団にかかわる知識・教養は、なによりも取り調べで役に立つ。ホシとの会話がスムーズにいくのだ。

最近の若い組員は、自分の組の沿革さえ知らないことが多い。なので逆に警察の私から、「お前の先代は、こういう世の中のときにヤクザになって、あの抗争では、こう対処したんだ」と教えてやることもしばしばだった。

世の中に対して斜に構えているヤクザ者でも、自分の組のことを「関係ねえ」というわけにはいかない。「ああ、勉強になりました」と素直になる。

暴力団の周囲を取材する人は大変な危険の中を生きている。けれども、そういう人たちのおかげで、私のように助けられた警察官は多いと思う。

第6章

東京進出——山口組

1915（大正4）年、兵庫県・神戸港の港湾労働者だった山口春吉が、同じ立場の労働者を数十人ばかり集めて、人夫供給業「山口組」を旗揚げした。

関東の博徒系ヤクザが、江戸時代にルーツを持つのに対し、山口組の歴史は、日本の近代化の中から始まる。山口春吉は人夫出しの傍ら、労働者たちに親しまれていた演芸の浪曲に目をつけ、港湾労働者を相手にした興行も手掛けたという。春吉の代で、山口組は神戸港に留まらず、兵庫の卸売市場の荷役業務も手を付けていたとされる。

春吉は25年に山口組を引退し、当時まだ23歳だった実子の山口登が二代目を継ぐ。登は春吉が先鞭をつけていた興行への進出を本格化させ、山口組のシノギは、港湾荷役と興行の二本柱となったという。だが、二代目・登は1940（昭和15）年、東京・浅草で、興行を巡る紛争で重傷を負い、2年後に死亡した。

山口組は三代目が不在のまま終戦を迎え、46年に、登の実弟と同級生だった田岡一雄が三代目を襲名した。先代が蒔いた種を花咲かせ、大木に成長させたのが田岡である。

三代目山口組は神戸港の港湾荷役や、船内整備、清掃など、「港」に関わる利権を拡大した。朝鮮特需による港湾業務の増加も山口組の追い風となっていた。また、労働争議の仲裁などを通じて影響力を増していった。

田岡は組員に「正業」を持たせることにこだわった。

その1つが興行である。三代目山口組を語る上で、芸能界への影響力は欠かせない。田岡は神戸芸能社を設立。昭和を代表する歌手の美空ひばりの後見人として、芸能界でその名を轟かせた。田岡は美空ひばりの地方興行などを通じて、日本の各地への侵攻のきっかけを作っていたとされる。

山口組は三代目の頃から東京進出の機会をうかがっていた。

63年、三代目山口組は、在日韓国・朝鮮人を中心とした東京の愚連隊「東声会」会長の町井久之と、田岡を兄、町井を弟とする結縁を行う。また、同じ頃には、山口組は稲川会の縄張りである神奈川県・横浜に支部を立ち上げるなどしていた。

三代目就任時、30名弱だった山口組の組員は、田岡が亡くなる80年頃には2万人近くに拡大していた。

81年、田岡は病気で逝去する。カリスマだった田岡亡き後、山口組は跡目を巡り、凄惨な抗争に入る。

三代目山口組で実質ナンバー2の若頭で、四代目と目されていたのが、中核団体の山健組組長・山本健一であった。だが、田岡が死去した当時、服役中で、後を追うように82年に肝臓疾患で死亡。そこで「三代目代行」に山広組組長・山本広が、若頭に竹中組組長・竹中正久が就くことが決まった。

ところが、兵庫県警による「山口組解体作戦本部」の攻勢を受け、山口組は山本広の四代目就任に動く。一方で、竹中がこれに反発し、田岡一雄の妻・文子夫人も竹中の四代目就任を後押しした。

竹中の四代目就任に反対する山広組を中心とした派閥は、84年6月の山口組定例会と同日、山口組を脱退し、「一和会」を結成、四代目山口組との「山一抗争」に入った。竹中は翌年1月、一和会のヒットマンにより射殺された。

山一抗争は一和会側に死者19人、負傷者49人、山口組側に死者10人、負傷者17人を出し、87年に終結。一和会は解散となった。

抗争の終結を経て、五代目に就任したのが山健組出身の渡辺芳則である。

五代目山口組は、関東のヤクザとの些細ないざこざを抗争に発展させ、山口組の狂暴性を関東に示してきた。その一つが、「八王子抗争」である。

1990（平成2）年に、山口組宅見組系の組員が、地元・八王子の博徒系組織二率会《にびき》系の組員と揉め事を起こしたことが発端。宅見組系組員2人が殺害され、報復で二率会の幹部も射殺された。二率会は抗争後、解散した。

93年には、北海道・札幌でのいざこざを発端に、山口組と極東会の「山極抗争」が勃発。新宿や池袋などの繁華街でも銃撃事件が相次いだ。

そして2005年、六代目山口組組長に弘道会出身の司忍が就任した1か月後、国粋会が山口組に加入したのである。


その昔、国粋会は暴力団社会の「地主」と言える存在だった。六本木や赤坂、銀座などの繁華街は元々、国粋会のシマ（縄張り）で、住吉会や稲川会は国粋会にショバ代（地代）を払い、シノギをしていた。

ところが、暴対法施行とバブル崩壊後の景気後退で、シノギが厳しくなり、国粋会の幹部の中に、山口組から借金をする者が出たようだ。カネを貸す山口組としては、返済の当てがなくとも、貸しを作ることで国粋会の人間を自分の言う通りにできるという思惑があったのだろう。

05年に国粋会が山口組入りする前に、そのことを巡ってちょっとしたトラブルになったことがあった。組対三課の刑事が住吉会の事務所にガサ入れした際、組員との世間話で、「国粋（会）の人間は、山口（組）からカネ借りて、もう頭が上がらねえみたいだな」としゃべってしまったのである。

これを聞いた住吉会の関係者は、さっそく国粋会の組員に「（組対）三課のデカがお前の組のこと、こう言ってたぞ」と空気を入れたようだ。聞かされた組員の怒りの矛先は当然、警察に向くことになる。

このとき、私は警視庁本部の組対三課に着任して、国粋会を担当していた。

国粋会では、毎月1回、「月寄り」を催していた。浅草寺裏の「浅草観音温泉」という温泉施設で、国粋会の組長クラスやそのお付きが数十名集まり、食事をしながら、新しく組に入った者や、組長に就任した者を紹介したり、組の意思決定や指示事項を伝達する会合だ。

私は同僚刑事とふたりで会場の前に張り込み、幹部の面割《めんわり》をしていた。

普段なら、ヤクザも（表の顔として）友好的だ。我々を見つけると「あれ、○○さん来てんだ」と、和やかに声をかけてくることさえある。ところが、この日は違った。

浅草観音温泉から出てきた10名近いヤクザがこちらに向かって、突進してきたのである。

「てめえらこの野郎、他所の組に行って余計なこと言いやがったな！」

瞬く間に取り囲まれてしまった。しかし、我々はこのとき、その「余計なこと」が何のことか一切わからない。

「何なんだ？　わからねえよ。わかるように言えよ」

「お前のとこの刑事が、他所の組に行って、国粋の人間が山口からカネを借りている、どうだこうだと言ったらしいじゃねえか」

「少なくとも俺らは言ってねえ。だが話はわかった。調べてそんな奴がいるか、しっかり回答してやる」

と、その場はなんとか切り抜けた。帰ってすぐに調べると、連中の言葉は本当だった。

国粋会の一部は、山口組に押さえつけられる寸前だったのだ。それからほどなく、国粋会では、山口組加入を支持する派閥と反対する派閥による激しい対立が生じた。ついには国粋会内部で銃撃事件が発生するなど、内紛に発展。住吉会や稲川会など、関東の暴力団の親睦団体である「関東二十日会」を脱退し、山口組傘下に入る結末を迎えたのだった。

東西ヤクザの掛け合い

褒めるわけではないが、山口組の組員はユーモアのある奴が多い。

紳士的な奴が多い関東ヤクザにたいして、関西のヤクザは表向きさっぱりした性格で、取調室で対峙しても、冗談を飛ばす余裕がある。

山口組のヤクザは取り調べで、「警視庁は紳士だね」とよく言う。大阪府警や兵庫県警は、警察もヤクザ顔負けの勢いで怒鳴りまくるらしい。

ガサ入れで組員ともみ合っている映像を見ても、警察とヤクザがお互いに怒声を張り上げている。もし相手がドアを開けなかったり、金庫の鍵が開かなかったりすると、チェーンカッターや電動ノコギリですぐに壊していく。

掛け合いのときも関西弁のほうが威圧感がある。例えば、東京の飲み屋で喧嘩しても、関西弁で捲し立てていると、「関西のヤクザが暴れていますと、周りの関東人は恐れをなす。関東のヤクザは相手が関西弁でも引かないだろうが、カタギにとっては関西弁は怖い。「このままやったら、ゼニカネじゃ済まんようになるで」「俺で話が済んどうから、まだな、ええ思うとかなあかんで。この先にいってみ、もっとややこしなるよ」「俺がヘソ曲げて『もう知らんわい、おんどれ』言うたら終わりやで」……。

たしかに言葉は怖いが、よくよく考えれば関西のヤクザも、関東のヤクザもやることは同じだ。むしろ標準語で、ヤクザとは一見して見えないような格好、礼儀正しい者までいる関東ヤクザの方が不気味である。

入れ墨

関西のヤクザと関東のヤクザの違いは、入れ墨にもある。例えば、同じ風神雷神でも、関西の彫師と、関東の彫師では、格好や表情、色合いが微妙に違う。

私は、本人の了解が得られれば、取り調べたヤクザに入れ墨の写真を撮らせてもらっている。マル暴になりたての頃、ある事件を目にしたからだ。

1978年7月、三代目山口組と二代目松田組の抗争、通称「大阪戦争」で、山口組・田岡一雄組長が京都のクラブ「ベラミ」で銃撃される事件が発生した。

田岡は一命を取り留めたものの、無関係の医師2人が重軽傷を負った。

襲撃の実行犯は、松田組系大日本正義団の鳴海清という20代の男で、現場から逃走後、松田組や友好団体の忠成会に匿われていたものの、行方知れずとなった。

同じ年の9月、神戸・六甲山の山中で、ガムテープでぐるぐる巻きにされた腐乱死体が見つかった。顔は白骨化し、全身をガソリンで焼かれ、指も潰されて指紋採取などから身元を割り出すのは困難をきわめたという。だが、科学捜査の結果、浮かび上がった天女の入れ墨から、ベラミ事件の実行犯の鳴海であることが割れた。

鳴海は山口組の報復から逃れるために身を寄せていた忠成会の組員らによって殺害されていたのである。死体の身元が割れたことから、兵庫県警は忠成会の組員を逮捕した。

今後の警察人生で、私が捕まえたホシが、事件後、再びヤクザ社会に戻り、鳴海のような最期を遂げても、無縁仏にはしない——私は、マル暴としての自分の覚悟を、そこに定めた。

それ以降、取り調べをしたほとんどのヤクザに「入れ墨の写真を撮ってもいいか」と声をかけてきた。嫌がる相手には強要しないが、ヤクザたちも入れ墨には自信があるようで、「これは有名な彫師が彫ってくれたんだ」「こういう由来があって、この図柄に決めた」とか、たいていの場合は喜んで見せてくれる。取調室でパンツまで脱いで、「どうだ」と見せるのだ。その写真は、彼らのプロフィールと一緒にノートにまとめてきた。現場の刑事生活の36年間で、およそ150人の入れ墨の写真をファイルした。

誰に教わったわけでもない。おそらく、そんなことをしてきたマル暴は、私だけだろう。もし顔を潰されたり、指紋をはがされたり、身体がバラバラにされた遺体が発見されても、そのヤクザの入れ墨がすこしでも残っていたら、無縁仏などにはせず、私なら素性を明らかにできるかもしれない。それは刑事としての自信の片鱗にもなった。

鶏が先か、卵が先か

山口組は伝統的なシノギに縛られず、カネになることはなんでもやる。暴対法でヤクザが表に出られなければ、カタギを巧みに利用する。企業恐喝や行政への圧力の掛け方はもちろん、カネになるスキームを描くことには、組のトップ層から末端まで秀でている印象が強い。

カネこそ力。それだけに、関東のヤクザとは目の付け所が全然違う。

「C型肝炎の治療薬を、病院から大量に処方してもらっている生活保護受給者がいる。どうもウラがありそうだ」

八王子市の南大沢署から応援要請があったのは、2016（平成28）年の夏頃のことだった。

生活保護は、国民のセーフティネットである。病気や怪我などが原因で、働きたくても働けない人や、働いていてもその報酬だけでは生活が成り立たない人々を支えている。その一連の制度の中に、医療扶助がある。たとえば難病の患者は、薬を飲み続けなければ死んでしまうので、生活保護受給者は、無料で医療サービスを受けることができるのだ。

覚せい剤を扱うヤクザの周りには、必然的に薬物中毒者が集まってくる。中には芸能人や会社役員、はたまたセレブ夫人といった金持ちもいるが、無気力で仕事もせず、漫然と生活保護を受けている者も少なくない。そして、彼らが毎月受け取るわずかな生活保護費は、そのまま覚せい剤の売人の手にわたる。公金をヤクザが吸い上げる図式ができ上がっているのである。

今回の事案は、そんな取引を発展させたものだった。

東京なら、生活保護費で自由になるのは、月に10万円前後である。覚せい剤を売りつける側の売人の立場から見れば、どれだけゆすっても基本的には、生活保護受給者からは月に10万円前後しか売り上げられないということになる。

だが、ここに機転をきかせる余地があった。

C型肝炎の患者は、主にソバルディという治療薬をのむ。アメリカの製薬会社がつくった新薬で1錠8万円もするが、（C型肝炎の患者である）生活保護受給者は無料で処方を受けられるのである。ならば、10万円の生活保護費から覚せい剤の代金を回収するより、ソバルディを売りさばいたほうが、よっぽどカネになる。

画を描いたのは、50代前半の山口組系のヤクザだった。

ヤクザと手下の売人たちは、自分たちの客である覚せい剤中毒者たちの中から、生活保護を受けているC型肝炎の患者をピックアップして、悪魔の取引を持ち掛けた。

これからは覚せい剤を売るのではなく、ただでプレゼントする。それだけでなく、毎月25万円もの現金も渡す。その代わり、医者に処方されたソバルディをすべて寄越すこと。ヤクザは、最初に手にした28錠で、１７０万円を売り上げた。生活保護受給者に渡した覚せい剤と現金分を抜いても、１００万円を優に超える利益を手にしたわけである。

ソバルディと現金問屋

質屋や街金が建ち並ぶ、東京・神田――。この一角には、あらゆるブツをカネに換えてくれる「現金問屋」がある。特に有名なのが、医薬品を扱うたくさんの業者。彼らは、いわゆる薬局ではない。彼らの顧客が、薬局なのである。

一般的に製薬会社は、医薬品卸売会社に医薬品を売る。その巨大な卸売会社から、全国の中小規模の卸売会社が医薬品を仕入れ、病院や薬局の注文に応じる。ただし、これらは現金商売ではない。発注から納品までに、タイムラグも生じる。薬にはかならず使用期限があるため、高価な――まさに、1錠8万円もするソバルディのような――薬は在庫で持ちたくない。売れることが確定した時点で、すぐに入手したい。これらの要望に応じるのが現金問屋だ。薬局は現金さえ持参すれば、どんな薬でもすぐに購入できる。その薬は、現金問屋が個人の持ち込みを買い取ったものだ。買い取りの際、個人情報の確認は行われている建前だが、「身分証不要、その場で買い取り」を謳い、抜け駆けする業者もある。

後にわかったことだが、ヤクザは現金問屋にわたりをつけて、ソバルディを売りさばいていた。こうした独自の〝販路〟を築いたヤクザは2016（平成28）年暮れ頃から、知り合いに「C型肝炎の患者がいたら紹介してほしい」と声を掛けていたという。薬を買い取り、現金問屋に持っていくだけで、ひとりあたり100万円近いカネが手にできるのだ。その原資を辿ると、薬代は生活保護費と同じ社会保障費から出ている。

それだけではなく、本来治療が必要なC型肝炎患者から薬を奪い取る、卑劣な犯罪でもある。主犯のヤクザは詐欺で起訴され、懲役5年の重い実刑が下された。

組織犯罪特別捜査隊

この事件を手掛けたのは、組対のサポート部隊である組織犯罪特別捜査隊（組特隊《そとくたい》）だ。当時私は副隊長の任にあった。組特隊の庁舎は、池袋駅から歩いて15分ほどの住宅街の一角にある。

組特隊は、刑事部の機動捜査隊（機捜）と似た位置づけの、組織犯罪対策部の支援隊である。前述した通り、機捜は、警視庁本部や所轄の刑事とは違い、いつでも事件現場にすっ飛んでいくための、遊軍に近い。持ち前の素早さで、刑事部の捜査をサポートしている。組特隊は警視庁本部の組対部と、各所轄の組対課の中間に位置し、ボーダーレス化する暴力団のシノギや、半グレの資金獲得活動を追う。

当時の組特隊のうち、約半分が従事しているのが偽造カード犯罪の追跡や捜査であった。スキミングや不正なキャッシングなど、ATMを舞台とした犯罪は国際化しており、2016（平成28）年には犯行グループ100名以上が、南アフリカの銀行カードを偽造し、一斉にATMから不正にカネを引き出す事件が発生している。

残り半分は繁華街で発生する事件や、半グレなどの勢力の実態解明にあたる。「4地区対策」と言われ、六本木、新宿、渋谷、池袋の代表的な繁華街に重点を置いている。

組対部の各課の事件の側面支援につくこともあるが、機捜隊との大きな違いは、組特隊単独でも事件を手掛けることがあることだ。ほか、純粋なヤクザ同士の抗争事件や、従来型の暴力団犯罪ではない案件への対応は、組特隊だけで捜査にあたることがある。

ヤクザのシノギが多様化し、半グレやインターネットで寄せ集めた、食い詰めたカタギを集めて犯罪を実行するような現在において、組特隊の存在意義は増している。ソバルディ事件は、従来型のシノギにとらわれず、目の前にあるモノをなんでもカネに換える、シノギへの執着を象徴するような事件だった。いままでのヤクザにはない発想だ。

これを、マル暴ふうに言えば、六代目山口組が得意とするシノギということになる。

山口組のシノギへの執着が強くなったのは、六代目になってから、と言われている。05年、名古屋を拠点とする弘道会出身の司忍の体制になり、山口組の直参組長は上納金だけでなく、本家からミネラルウォーターや日用品の購入を強制されていたという。吸い上げが厳しくなれば、ピラミッド構造の暴力団組織では、下部組織にシワ寄せがいく。その結果、組織の隅々までシノギへの貪欲さ、強引さが際立ってくる。

また、中核団体の山健組傘下の団体が、山口組の直系に引き抜かれ、6000人を超えるとされた山健組の組員数は、2000人まで減少したという。もともと「ヤマケンにあらざれば、山口（組）にあらず」という意識を持つ山健組は当然、黙っていない。15年、山健組は山口組を離脱し、「神戸山口組」を結成し、弘道会のやり方にノーを突き付けた。

だが、神戸山口組に合流した一部の組が、17年にさらに離反、「絆会」としてまとまった。山健組の一部は、2021(令和3)年9月に山口組に復帰。敵対勢力を分断した弘道会は独り勝ちの状況である。

しかし、山健組が当初、弘道会に対して持っていた不満が、分裂騒ぎや異例の復帰によって解消されたようには思えない。上納金などの吸い上げはより厳しくなり、その分、山口組による社会からの資金収奪は強まっていく。荒っぽいシノギをかけるヤクザはより一層、増えていくだろう。

第7章
ヤクザと経済事件

〈暴力団幹部が関係する会社に約4億円を融資し、大半を焦げ付かせたとして、警視庁組織犯罪対策四課は2日、「興産信用金庫」（東京都千代田区）会長、志津努（71）▽理事長、石原静夫（63）、▽指定暴力団住吉会波木六代目総長、津久井高光（68）▽同元総長秘書、三觜《みつはし》邦介ら計7容疑者を背任容疑で逮捕した〉（毎日新聞06年3月2日付夕刊）

「ヤクザが上納金を銀行に預けている」

そんなマンガのような話から始まった特別背任事件があった。

黒い噂に包まれた信金

1923（大正12）年創業、浅草や人形町など、東京の下町に支店の網を持つ興産信金には「ヤクザが興産信金からカネを借りている……」「あの銀行はヤクザに脅されている……」という黒い噂が絶えなかった。そうした風聞を、警視庁の組織犯罪対策部はさまざまなチャネルから収集。地道な捜査の結果、住吉会系のある組が、上納金の預かり口座を興産信金に開いていることを突き止めた。

さらに、興産信金のトップが、ヤクザの総長と極めて親しいという具体的なエピソードがあった。その付き合いはバブル期の80年代からとされ、ふたりで夜の銀座を飲み歩く姿が目撃されていた。銀行トップとしては相当危うい関係まで踏み込んでいると見られたのである。興産信金の過去の取引を洗った四課は、2001（平成13）年の融資案件に着目した。

実態のない会社に貸し込み

2001（平成13）年7月、興産信金は茨城県東海村の産業廃棄物処理場の買収資金として、新宿にある休眠会社に4億円融資した。東京の下町を地場とする興産信金だけに、いささか奇異な取引であった。さらに奇妙なのは、その産廃処分場を調べると、融資が実行される前の同年6月下旬に、別の会社に買い取られることが決まっていたことだった。買収資金の融資を実行する前に、すでに買収話は消えてなくなっていたのだ。

その後、この新宿の休眠会社は4億円のうち4000万円だけ返済し、今度は、群馬県の別の産廃処分場を買収する計画を信金に提示した。しかしこちらの施設も、実際には操業しておらず、残りの融資金は雲散霧消。ここで、忽然と巨額のカネが闇に消えた。

当然、興産信金に多額の損失が生じた。

新宿の休眠会社は融資を受けるにあたり、神奈川県の不動産を担保に差し入れていた。だが担保物件はすでにほかの債権者の抵当権が設定されており、4億円の融資に見合う担保価値はまったくなかった。地場信金とはいえ、新宿の休眠会社への融資が危ないことや、不動産に担保価値がないことは容易に見抜けるはずだ。この新宿の休眠会社との取引は「融資ありき」で進んでいたのではないか。

そう睨んだ四課がさらに休眠会社の素性を探ると、社長と総長の交際が確認できた。

背任容疑で一斉逮捕

「この事件はでっかいぞ」

事件を指揮した藤田正人管理官のつぶやきが、いまでも耳朶《じだ》によみがえる。藤田管理官は、暴力団の経済事件を指揮し、後にノンキャリからの叩き上げで組対四課長に着任。「ミスター四課」として語り継がれる存在となった伝説的なマル暴刑事だ。

藤田管理官を筆頭に、四課が総力をあげて捜査した結果、あらゆる証拠が同じ方向を示した。興産信金は融資金が焦げ付くことを承知の上で、総長に利益供与するために4億円の融資を実行した疑いが濃厚だと。

いわゆる背任罪の〈自己若しくは第三者の利益を図り又は本人に損害を加える目的で、その任務に背く行為をし、本人に財産上の損害を加える〉構成要件にもきれいに合致しており、四課の捜査員たちは色めき立った。私はこの事件の捜査本部に招集され、信金ナンバー2である理事長の取り調べを担当することになった。

興産信金において理事長は、会長の最側近として、取引の内容を詳細に知る立場にいた。休眠会社への融資は会長と総長の2者間で決定事項となっているため、理事長以下は、あたかも融資が適切なプロセスを経たかのように、つじつまを合わせるための実務を担っていたのだった。

理事長以下は、あくまでも会長の部下である。自分が属する組織の最高権力者から不正を命じられたとき、決然と拒否することなどできるだろうか。板挟みの気持ちを思うと、複雑ではあったが、それでも不正は不正である。事情を知りながら決裁書類にハンコを押し、結果的に会社に多額の損失を与えていることに変わりはない。

四課は興産信金の会長以下5人と、ヤクザ側で総長ともう1人の合計7人を、背任容疑で一斉に逮捕する方針を固めた。

ブン屋が自宅前に大挙

逮捕のXデーは2006（平成18）年3月。興産信金の理事長の自宅は中野区にある一軒家だった。私たちは捜査の基本にのっとり、Xデーに備えて理事長の自宅近くに張り込んで、行動確認にあたっていた。

すると、理事長の自宅近くに、我々捜査員とは別の怪しい車が張り付いていることに気づいた。新聞やテレビ局の「ブン屋」、つまり記者の連中だ。

銀行トップとヤクザの総長の癒着・背任事件となれば、平和なお茶の間に与える衝撃は大きく、社会的な影響も予測できる。事と次第によっては、銀行そのものを潰しかねない。

それだけに、マスコミの攻勢も激しかった。私たち現場の捜査員がいくら口を固く閉ざしても、大ネタの情報は漏れてしまう。

こうなるとXデーは大変だ。逮捕の瞬間を写真や映像に収めようとマスコミが朝から大挙して押しかけてくる。その事件で四課は、朝の6時に一斉に関係者宅に踏み込んだ。3月初めなので辺りはまだ暗かった。するとマスコミは、煌々と投光器を焚いてカメラを回し始めたのだ。私は、この騒ぎでは理事長の家族も混乱すると判断し、記者たちに、本人たちが出てくるまで光を当てるなと制した。

理事長宅に入る。

ブン屋たちがうるさいので玄関を閉めてから、本人と夫人の前で逮捕状を読み上げた。理事長は我々が来た時点で察しはついていただろうが、夫人にとっては青天の霹靂だっただろう。「住吉会の何々と共謀のうえ……特別背任」という、銀行トップのご夫人には到底かかわりのない用語を前に、みるみる血の気が引いていくのがわかった。

玄関を出ると、一斉に報道陣のカメラに狙われ、フラッシュを浴びた。

「記憶にありません」

理事長を車で警視庁本部まで連行したが、取調室に入ると、のっけから「記憶にありません」と否認をぶつけてきた。

刑事訴訟法では、警察は被疑者を逮捕するとき、弁解の機会を与えなければいけない。実務では、逮捕直後の取り調べで「弁解録取調書」、通称・弁録《ベンロク》を作成することになる。

これは「かくかくしかじかの事実関係で逮捕されたが、何か弁解があるか」を記録するもので、実質的に最初の調書である。弁録の内容さえ見れば、被疑者が否認するか、最初から落ちているかがわかるので、後の調べの方向性を左右する重要な一手でもある。

いや、勝負は取調室よりもっと前から始まっている。移送中の車や新幹線や、逮捕に至るさまざまな局面に、被疑者の心を開くポイントがある。そういう被疑者は、弁録でもう「私がやりました」と完落ちしているものだ。当時のイケイケの四課の捜査員たちの心意気は、被疑者を「弁録で落とす」ことだった。

この事件でも、一斉逮捕した7人のうち、興産信金の幹部数名が弁録で落ちていた。落ちた幹部を担当した取調官は意気軒昂である。それに対して、否認している被疑者を受け持っている取調官の感じる重圧は大きくなる。私もそうだった。

スキャンダルの「もみ消し」が発端

「記憶にありません」から始まった理事長の態度は、まるで政治家のようだった。シラを切れるものについては、できるだけ惚ける。熾烈な出世レースを勝ち抜いてきた古だぬきの戦術だ。相手がヤクザ者ならば、一喝してまじめに答えさせることもできるが、銀行のトップともなれば、面の皮の厚さはヤクザ者の比ではない。義理人情が通じない相手は、ヤクザ者よりカタギの方が多いのだ。そうなると、相手の心に訴えかけるのではなく、理詰めの捜査で勝負するしかない。

不正融資という事案の性質上、信金には決裁に係る書類など、大量の証拠が残っていた。1枚1枚、鎧を剥がしていくような理詰めの調べで、ついに理事長は落ちた。

興産信金の会長は、ヤクザの総長から直接、対面で不正な融資を依頼されていた。ふたりは、ホテルで密かに会食するほど親密だったのだ。

しかしいったい、金融機関の会長とヤクザの総長はどこで個人的な接点を持ったのか。それは、おぞましいスキャンダルの「もみ消し」だった。

約10年前の1997（平成9）年、会長は交際相手の女性とトラブルになり、秘密の日記を盗まれてしまった。その日記には、自身が接待していた監督官庁の大蔵省や日銀の幹部の名前、違法な接待の内容が記されていた。

女性はそのやり口の通り、素人ではなかった。盗まれた日記は右翼の手にわたり、会長は大規模な街宣やブラックジャーナリストからの攻勢にさらされることになってしまった。そのスキャンダルをつぶすためにツテをたどり、暴力団の総長を頼ったのが関係の始まりだと判明した。その結果、違法接待の疑惑は鎮火した。これに味をしめた会長は、その後も、融資先が暴力団に関係しているかを総長に調べてもらったりするなど、「借り」を膨らませていった。4億円の不正融資は、ヤクザから求められたこれまでの代償であった。

東京都防潮堤工事談合事件

興産信金不正融資事件が解決した直後、私は東京都が発注者となる東京都の河川防潮堤工事を巡る談合事件の捜査にあたった。

自治体が発注する道路や橋、公共施設などの工事は、随意契約ではなく建設会社を集めた指名競争入札により、工事業者を選定している。

建設会社としては、できる限り高い値段で工事を受注したいものだ。だが競争入札では、一番安いフダを入れた業者が受注することになるので、採算が取れるギリギリのラインを狙って、フダを入れることになる。

競争相手の業者が増えてくると、いきおい、安値競争になる。赤字覚悟でも工事を取りたいという業者が出てくることもあり得る。競争が激しくなれば、高い利ザヤを得る機会は減っていく。

そこで建設会社各社は話し合い、例えばAという工事は今回X建設が一番札を入れるが、次のB工事では、Y土建が一番札を入れる、というような取り決めを行って、入札価格をあらかじめ示し合わせていた。こうすれば、高い利ザヤを維持しながら仕事を得られる。

これが談合である。

一見すると、安値競争は誰も得しないし、談合は民間業者の助け合いのように映る。だが、工事を発注する自治体にとっては自由競争にならず、不当に高い金額で工事を発注することになる。最終的に割を食うのは納税者だ。

「談合破り」を防ぐ「闇の秩序」

そうした談合も、業者たちが協調しあっているうちは平和裏に進むが、経営難で資金繰りに窮したり、ハナから「談合なんて関係ねえ」という型破りな建設会社が入札に参加してきたりすると、あらかじめ談合で合意した価格より低い価格を入れる「談合破り」に走る者も出てきてしまう。そもそも談合は違法行為。談合に加わっていた建設会社は「談合破り」を追及することはできない。

そこでヤクザの出番である。

もし建設会社がヤクザの仕切る談合を破れば、「わしのメンツをつぶした」ということで、建設会社に有形無形の制裁が加えられることになる。ヤクザというジョーカーがいることによって、談合という「闇の秩序」が保たれていた。

2004(平成16)年11月10日。西新宿の東京都庁の一室で、東京都が発注する練馬区での排水管新設工事の入札が予定されていた。入札があと1時間で始まる午前11時頃、入札会場の目と鼻の先の東京都議会棟のレストランスペース。ヤクザと建設会社のサラリーマンたちが、眉間にしわを寄せ、顔を突き合わせていた。大胆不敵にも、この場所で談合への参加を強談判《こわだんぱん》していたのである——。

東京都の競争入札では本来、業者が各々で落札金額を書いた札を持ちより、東京都に提出する。東京都があらかじめ設定した予定価格に、最も近い（安い）金額を書いた、「一番札」の業者が工事を受注することになっている。

ところが、入札を一週間後に控えた11月4日、東証1部に上場していた中堅ゼネコン「勝村建設」の営業本部長（57歳）は、荒川区日暮里のホテルの会議室に建設会社の幹部たちを集めて、こう宣言していたのである。

「練馬区の排水管工事は、クボタ建設に取らせようと思う」

談合である。

東京都では、この工事の予定価格を6億8000万円と定めていた。勝村建設の営業本部長は、受注調整に影響力を持つ「業務屋」として知られ、10年以上前から談合の仕切り役を任されていた。

営業本部長は、クボタ建設が6億3500万円の札を入れるので、各社にはこれよりも若干高い金額を書いた札を入れてほしい。協力してくれれば、見返りとして落札額の2%（約1200万円）の協力金を支払う。その後も、大型工事を受注できるように手配する、と約束した。

ところがこの日、「うちは談合には加わらない」と主張する業者が現れた。参加者たちは顔色を変えて、三登建設という北区の建設会社の営業担当者を見やった。何とかして三登建設を止めなければならない。そこで勝村建設の営業本部長から「泣き」の連絡を受けたのが、住吉会系の組員だった。

入札当日午前10時、東京都庁の都議会棟のレストランの一角に、いかつい男たちが陣取っていた。談合に参加している建設会社の幹部と、住吉会のヤクザが、三登建設の営業担当者を取り囲んでいたのである。

「入札はクボタ建設に決まっているから頼みますよ」

「おたくが落札すれば、潰します。談合に応じなければ、ただじゃおかない」

「うちの組には15年や30年くらい喜んで刑務所に入る若い衆がいっぱいいる。身体には気を付けな」

1時間にわたり脅しは続いた。

三登建設の営業担当者が持っていた入札関連資料は取り上げられ、その場でびりびりに破り捨てられた。白紙の入札書を突き付けられ、クボタ建設の入札金額より1000万円高い「6億4500万円」と書くよう強要され、震える手で金額を書き込むと、すぐに取り上げられた。

だが、三登建設もあきらめなかった。

都庁の入札室前で、入札を取り仕切っていた建設会社の幹部が、用を足すためにトイレに立った。その隙に、長椅子に置かれた入札書と、あらかじめ持っていた「6億1400万円」と書かれた入札書とすり替えたのである。

三登建設は見事、談合破りに成功、工事を落札した。

だが、ヤクザと建設会社の怒りは相当なものだった。

「お前、よくもやってくれたな。この落とし前はどうつけるんだ」

「ヤクザをナメたら怖いよ」

談合が成立しなかったことを知った営業本部長と住吉会のヤクザは、電話で三登建設を恫喝。さらに、社長の自宅にヤクザ風の男らが押しかけ、「出てこいコラ！」とドアを蹴飛ばしていった。さらに、右翼団体から内容証明も飛んできた。

三登建設は苛烈な追い込みを受け、警察に相談。四課に事件が持ち込まれた。

組対四課は翌05年7月、勝村建設を中心とした談合グループ5人を逮捕した。この中には、三登建設を脅した暴力団組員や、談合を実質的に取り仕切っていた住吉会のフロント企業も含まれている。その捜査の過程で、住吉会のフロント企業が、東京都財務局が発注する江戸川区の河川防潮堤工事でも談合をやっている疑惑が浮上したのだ。芋づる式とはこのことである。

私は、談合に参加した建設会社の40代前半の営業課長を取り調べることとなった。

集合住宅に、専業主婦の奥さんと幼稚園の子供ひとりの3人暮らし。まさか夫が会社の業務で、ヤクザと関わり合っているとは、奥さんは知る由もなかっただろう。

営業課長はヤクザと一緒になって談合に加わっていた。住吉会のフロント企業は、ゼネコンの肩書を有していたが、ほかの建設会社は皆、ヤクザ関係であることを承知している。談合を仕切っていた勝村建設の営業本部長は、建設会社の幹部を集めて、住吉会の幹部と共に、千葉県のゴルフ場でゴルフコンペを定期的に開催していた。

コンペには建設会社40社、多いときには150人が参加していた。ヤクザは入れ墨を丸出しで、カタギの建設会社の幹部はそれを見て恐れ戦《おのの》いていたようだ。「報復が怖いので談合に参加した」と、のちの捜査で弁解した者もいた。

我々は逮捕のXデーに備え、この営業部長の行動確認（行確）に入った。車ではさすがに目立つので、向かいのアパートを借り上げて、捜査員を張り付かせていた。

逮捕の仁義

行確の結果、営業部長の家庭は、朝8時前に幼稚園の息子の送迎バスが自宅近くに着くのに合わせて、奥さんが子供を送り出し、数分後に営業部長が出勤するのがルーティンだとわかった。

「踏み込むのは、奥さんが子供を送り出して、部屋に戻ったときにしましょう」

私はそう提案した。部屋の中に踏み込んで、ワッパ（手錠）をかけるときに子供がそばにいると、ワンワン泣き出して逮捕状の読み上げなどに支障が出るかもしれない。

それに、子供の前で父親の腕に手錠をかけるというのは、教育上もよろしくない。我々としてはそういう事情なのだが、相手には「警察も子供への影響を心配して、送り出した後に来てくれたのか」と恩義に感じてもらえたら、取り調べでも頑なにならないのではないか、という魂胆もあった。

11月11日。子供を送り出した奥さんの後をついていき、部屋のドアを開けたと同時に、「警察です」と声を掛けた。スーツ姿の営業部長と奥さんを前に逮捕状を見せ、容疑を読み上げると、奥さんの顔がみるみる真っ青になっていく。隣で聞いていた営業部長は、ボソっと「その通りです」と呟いた。奥さんはその場でへたり込んでしまった。

《都発注工事入札で談合　建設会社9社の幹部ら11人逮捕　警視庁

東京の中堅ゼネコン「勝村建設」の元営業本部長らによる入札妨害事件で、新たに「不動建設」などが関わって東京都発注の工事の入札で談合が行われていた疑いが強まり、警視庁は建設会社九社の幹部ら十一人を逮捕しました。

逮捕されたのは「勝村建設」の元営業本部長の五十七歳の男や、「不動建設」東京本店の副本店長五十七歳の男ら十一人です。

警視庁の調べによりますと、容疑者の元営業本部長や副本店長らは去年十二月、東京都が発注した防潮堤の補強工事の入札で談合を行っていた疑いが持たれています。》（05年11月11日NHKニュース）

「その通りです」という営業課長のつぶやきから、完落ちかと思われたが、取り調べに入ると予想外に口が重い。

大筋の容疑は認めても、細かい点で抵抗し、誤魔化そうとしてくるのだ。

「たしかにその日、私は談合のために集まりました」とは認めるものの、誰がどういう発言をしたとか、その会議を社長にはどう報告したのかといった核心的な部分は答えない。

あげくは「仕切っていた人がヤクザとは知りませんでした」である。

おそらく、自分の逮捕・起訴は免れないが、ここは自分ひとりで罪をかぶり、警察から会社を守ろうとしたのだろう。会社のためを思って談合に手を染め、ヤクザと対峙するような肝の据わったサラリーマンなら、それくらいのことは考える。営業課長が取調室でひとり、マル暴刑事相手に頑張っている間、健気な奥さんは毎日、面会に来ていた。しかし、営業部長は完落ちしていないので、接見禁止は外れない。

「ディズニーランドに行く予定が……」

幸せな生活から文字通り、転落してしまった失意の深さ……。それでも今日こそはと思い、警察署に日参する姿を眺めていると、そのまま追い返すのも忍びない気持ちが生まれた。といっても捜査状況は話せないので、奥さんとはあくまで世間話であるが。

彼女にも事前に伝えてから話を始めたが、やはり我慢しきれなかったのだろう。

「主人は、いつ帰してもらえるのでしょうか」

営業課長は逮捕前、次の日曜日にディズニーランドへ連れていってやると、子供と約束していたのだという。その日までに保釈され、家に戻ってくるかどうかだけでも、聞きたかったようだ。

残念ながら、大きな談合事件なので、営業課長は日曜までには帰れない。だが、その見通し自体も捜査状況なので、帰れないことも奥さんには伝えられない。言葉を濁していると、奥さんは「子供が毎日、『パパはどこに行っているの？』と聞くんです。そのたびに『パパはお仕事よ』とごまかしているんですが、もう嘘をつき続けることはできません……」と涙ながらに告白するのだった。

うーん……。さすがにそれは、奥さんにも子供にもかわいそうだ。ヤクザの家族なら、夫が警察に逮捕され家を空けることをある程度、心得ている。しかし、営業課長の奥さんは、逮捕当日まで、夫が逮捕される事態などは想像だにしていなかったはずだ。困り果てるのも当然である。営業課長も、取調室でしきりに子供との約束に気をもんでいて、「どうしたらいいものか」と漏らしていた。

ここで明かすことはできないが、私は一計を案じて、策を講じた。その策は、子供が納得するように、奥さんと一緒に〝演技〟をしたのである。その後、子供も納得したのかディズニーランドの話はしなくなったとのことであった。

営業課長に「もう心配はいらないから」とこの話を伝えると、取調室の机に突っ伏してむせび泣いていた。

この日を境に、取り調べの雰囲気はだいぶ変わった。

「やっちゃいけないとは思っていましたが、子供と妻のために、やむを得なかった」

談合の中身や会社の上層部のかかわりまで、営業課長は細大漏らさず自供を始めたのである。営業課長の供述があったことで、社長も任意の取り調べで談合を認めた。

一連の談合事件に関与したゼネコンは、ほとんどが事件後すぐに破綻し、営業課長が身を挺して守ろうとした建設会社も、あっけなく破産した。

六本木ヒルズにヤクザ者が出入り

「元ヤクザが六本木ヒルズに出入りして、訳のわからない会社で金集めをやっている」

警視庁本部の組織犯罪対策四課がその情報を入手したのは、「ライブドア事件」で〝ヒルズ族〟が注目されて数年経った、2009（平成21）年のことだった。ヤクザやその周辺者の情報収集を専門とするチーム「特命班」からの情報である。

組対四課の特命班は、自分たちで事件を手掛けない代わり、情報収集に徹し、一見、ヤクザと関係なさそうな会社の裏側にもヤクザの匂いを嗅ぎつける。ヤクザや半グレ、事件屋、詐欺師といった、日々、事件に追われている刑事では手が回らないような情報ネットワークを築いているのだ。

本部係長は警察人生の分かれ道

私はというと、渋谷署の組対課課長代理(暴力暴対担当)から警視庁本部組対四課の係長として異動し、ヤクザ関連の事件全般を指揮する立場にあった。

警部は1つの班を束ねる〝現場指揮官〟の立場でもあり、私の班は、8人の刑事を受け持っていた。皆、きわめて優秀な刑事たちで、係員にいたっては、5年間で8本もの警視総監賞を受賞していた。このうち、全国でも数件しか受賞できない警察庁長官賞は3本とっていた。この賞は凶悪犯を逮捕したり、社会的に反響の大きい事件を手掛けたなどの功績に対して贈られるものだ。

警視庁本部で係長を務めている間に、管理職に昇任した者は、所轄の課長となる。一方、警部のままの場合は、所轄に再び、課長代理として戻ることになる。管理職に昇任できるかは論文と内申で決まっていく。内申とはすなわち、指揮官としての評価である。

捜査員の指揮官として評価を得るにはどうすればいいか。自ら事件を手掛けるしかない。それも、起訴、有罪まで持っていける筋のよい事件を、コンスタントに手掛けたい。もちろん日常業務では日々、発生する事件への対応も必要だ。煩雑ではあるが、気を抜いてぼうっとしていると、他班の捜査の応援で部下を奪われてしまう。すると、自分の班の事件に注力して捜査することがもっと難しくなる。こうして、自ら事件に取り組むことなく、日々起こる事件の対応に追われているうちに、任期切れを迎える係長もいる。

自分のためではなく、ビラ（賞状）は班員のために——そんな思いで、日々の事件をこなしながら、自ら手掛けられるヤマはないかと、私は必死に事件を探し回っていた。

バブル崩壊後のリゾートホテルの末路

岡本倶楽部は、私の係長着任前から内偵が始まっていた。

特命班が「これは怪しい、事件になる」と判断した情報は、まず四課長が吟味し、どの班に捜査をさせるか各管理官と検討して、事件班を選ぶ。リゾートクラブ「岡本倶楽部」

は、静岡県熱海市の老舗温泉ホテル「岡本ホテル」をはじめ、神奈川、山梨、新潟、福井、兵庫、三重など全国11か所に、会員だけが利用できるホテルや温泉旅館を運営していた。

熱海の岡本ホテルは1932年創業の「岡本旅館」にルーツを持つ、熱海の老舗温泉旅館だったが、バブル崩壊後に運営会社が経営難に陥った。ついに2000（平成12）年には競売にかけられる羽目になったホテルに、再建を約束して乗り込んできた男がいた。その名を、大東正博という。岡本ホテルは、大東が最高責任者として君臨していたオー・エム・シー（OMC）グループの支配下におさまった。

OMCは、ライブドア事件が世間を騒がせる直前の05年頃、六本木ヒルズの2フロアを貸し切って事業をスタートさせた。歴史ある岡本ホテルの運営会社であることを宣伝文句に、テレアポ（電話勧誘）などで「岡本倶楽部」の会員を集めまくったのである。

温泉会員権が投資商品に?

特命班は、岡本倶楽部の「会員システム」に目をつけた。

一般的なスパリゾートクラブの会員システムは、一種の「掛け捨て」である。トレーニングジムならば、入会すると毎月会費が発生する。そして一度も利用しなかった月であっても、会費は支払わねばならない。サービスを利用しなかったからといって、その分の会費が払い戻されることもない。

岡本倶楽部は、5年の有効期間を掲げた「預託金」なるシステムを標榜していた。たとえば、300万円を預託して会員になった場合、5年間のうちに、グループの岡本ホテルや旅館を195万円分も利用できるクーポンが手渡される。これが掛け捨てであれば、300万円払って、195万円分のサービスを受けることになるので、誰も会員になろうとは思わないだろう。

しかし、岡本倶楽部はこの195万円分のクーポンに加えて、5年の会員期間が満了した際には「預託金」の85%を償還すると謳っていたのである。300万円の85%なら、償還金は255万円に上る。すでに会員は5年間で195万円分のサービスを受けているので、300万円の預託に対して150万円分ものリターンが保証されていることになる。

さらに巧妙だったのは、5年の有効期間中、195万円分のクーポンを一度も利用しなかった会員からは、クーポンを額面の65%で買い取ると宣伝したことだった。この買い取り分を償還金（255万円）に加えると、会員は5年後に382万円を受け取れる計算になる。つまり、単なる資産運用としても魅力がある。温泉に興味はないが、投資をしたいリタイア層やサラリーマン投資家に、岡本倶楽部はウケた。おまけに預けるカネが多ければ多いほど、利回りや特典が増える。下は100万円から、高いプランでは3000万円もの預託金が設定されていたのだった。ホテルや旅館はいちおう稼働しており、「1泊2食8800円カニ食べ放題！」というキャンペーンや、コンパニオンの女性が同伴する「コンパニオンパック」などという破廉恥なプランで耳目を集めたこともあった。

何より、あの六本木ヒルズに入っている会社、ということで安心した向きも多かったのだろう。OMCは2005（平成17）年頃から約5年間で、高齢者を中心に全国約6000人から2000億円もの資金を集めるに至ったのである。

代表は元ヤクザ

だが、怪しい。ウマい話には必ず裏がある。岡本倶楽部は償還できるはずのない高利と（事実上の）元本保証を謳い、莫大な資金を集めているのではないか。疑いの眼差しを深めた特命班に、さらなる確信を与えたのが、OMCの社長である大東正博の経歴だった。

大東は2003（平成15）年頃、経営難にあった岡本ホテルに資金提供したことをきっかけに、ホテル経営に参画したが、その前は自動車ディーラーのような仕事をしていた。実は、さらに前には、山口組系の組織に属していたのだった。

特命班の情報では、六本木ヒルズの事務所にはヤクザ者が出入りし、大東がヤクザ者と連れ立って遊んでいる姿が頻繁に目撃されていた。要は、ズブズブなのだ。そのような人物が、200億円ものカネを目の前にして、どう動くか……。

我々組対四課は、岡本倶楽部の端緒情報に触れ、「怪しい、これは事件になる」と確信し、実態を把握するための内偵捜査に入った。

文書照会で企業は丸裸

企業に対する内偵捜査は、薬物やけん銃の密輸といった犯罪の内偵捜査と違い、ただ張り込み、聞き込みをすればいいというわけではない。会社の目の前で張り込みをしたとしても、表から見ることができるのは出入りする人の顔ぶれくらいで、この会社が何をやっているのかは皆目わからない。

というわけで企業が相手の場合、データを徹底的に洗うのが最初の一歩だ。

まずは基本となる登記簿謄本や決算書を分析し、さらに電気、水道、ガスなどの契約者・使用料から、銀行の取引履歴といったインフラに関する情報を総動員して、企業の規模やカネの流れを把握する。

銀行や電力会社などに対しては、刑事訴訟法に基づく文書照会で情報を提供してもらう。これは個人情報保護法とはバッティングせず、開示は適法だ。銀行以外にも、例えばタスポの履歴や、不動産の契約書なども同様の手段で入手する。ヤクザ者のヤサが割れたとき、契約書に嘘の名義を記載していたら、それだけで相手をしょっ引くこともできる。

銀行の取引履歴やクレジットカードの使用履歴、光熱水費の利用状況、不動産関係の契約書まで手に入れ、書類を綴じたバインダーで帳場が狭くなる頃には、たいていの会社は丸裸になっている。

ただ、こうした情報収集は、本格的な捜査の下準備に過ぎない。ここから、会社や関係先を張り込み、実際に出入りする人物の素性を押さえていくのだ。

ゴミこそ至高の捜査資料

岡本倶楽部は我々が内偵捜査に入った頃、六本木ヒルズから中央区のオフィスビルに移転した。我々は事務所から近い中央区入船に、極秘の捜査本部を立ち上げた。

現場での内偵捜査では、人定のほかに重要な資料を押さえなければいけない。

それは、ゴミだ。

捜査対象の実態を把握するには、ゴミこそ肝心だ。対象の事務所から出てくるものは、食べカスやチリ紙などの一般廃棄物が多いが、これも見方によっては重要な捜査資料となる。食い物の包装紙や器、ペットボトルの量などによって会社にどれだけの人間がいるか、どのような趣味嗜好なのか、どれくらいの稼ぎがあるのかまで見えてくる。考古学者が人糞の化石から、太古の生活に思いを馳せるようなものだ。そしてたまには従業員の名簿や、営業成績が記されたメモといった〝お宝〟も掘り出される。

したがって帳場の中の、一定のスペースはゴミの集積場になっている。その中に分け入って、食べカスや鼻紙などと格闘するわけだが、いまとなってはこの作業もずいぶん少なくなってしまった。

近年、マスコミや漫画、ドラマで、かなり積極的にゴミ捜査が描かれてしまったため、オレオレ詐欺などの組織犯罪集団は、ゴミをその場では出さなくなった。別の場所に移動した上でさらにシュレッダーをかけたり、自分たちで焼却したり、証拠隠滅との戦いは延々と続く。少なくとも岡本倶楽部を追っていた頃には、この手法は十分に有効だった。

一見するとまっとうな営業会社

オフィスビルの前につけた捜査車両や、そのビルの1階にあったベーカリーのイートインスペースに陣取っての張り込み捜査で、出入りする人物はすべて把握した。岡本倶楽部の全容が、ぼちぼち見えてきた。

オフィスに出入りする人種で最も多いのは、40代くらいの女だ。主婦のような見た目で、水商売風とか、アウトローの気配は漂わせていない。それもそのはず、おそらく、この女たちは「テレアポ」名目の求人に応募した従業員だ。彼女らが全国に電話セールスをかけ、見込み客の氏名、住所を集めているのだ。

出勤時間は、朝9時。お昼に弁当を買ってオフィスに戻り、夕方まで電話をかけ続けている。内偵で確認した彼らのやり方は、まともな企業の営業手法と寸分変わらなかった。電話営業だけで入会する客はほとんどいない。そこでテレアポの女性たちは「パンフレットをお送りします」と言い、住所を聞き出す。名簿を作ったら、あとは営業マンたちの仕事だ。その住所に訪問販売を仕掛け、綺麗事を並べて、預託金を集めてくるのである。

岡本倶楽部という会社の日常は、売っているものが欠陥品であることを除けば、ごく普通だった。時折、オフィスビルに高級車が横付けされ、ガラの悪い連中がドカドカと中に入っていく光景は普通では見られないかもしれないが。

社長の大東正博と、取り巻きのヤクザたちである。

ヤクザ20人がホテルロビーで大立ち回り

大東は、「私利私欲」を体現したような男だった。

年齢は当時で60歳手前くらいだったが、岡本倶楽部で集めたカネで高級車を乗り回し、クルーザーを何艘も買い集めて、20代の愛人を囲っていた。ひとりではなく、何人もの愛人だ。そしてヤクザ者を引き連れては、夜の街で豪遊。

原資はもちろん、岡本倶楽部で集めたカネである。後でわかったことだが、集めた200億円のうち、ホテルの運営やOMCの従業員への報酬に宛てられたのは30億円ほどで、じつに100億円以上もの金が、大東や周囲のヤクザ者の散財で消えていた。

「岡本倶楽部がヤクザとつるんで詐欺まがいのことをやっている」

黒い噂は、腹黒い連中を呼び寄せる。大東には次から次に新たなヤクザ者が群がった。内偵中には、岡本ホテルのロビーに20人を超えるヤクザが参集し、警察が駆けつける事態まで起こった。大東からカネをせびろうというヤクザ者は、次から次に湧いてきたようだ。

岡本倶楽部の内偵が長引いたのは、多くの嘘に交じって、〝わずかな事実〟も存在していたからだ。たとえば岡本倶楽部系列のホテルは熱海だけでなく福井、兵庫など日本各地に実在はしており、ホテル自体が存在しないというわけではなかった。ただ、岡本倶楽部が宣伝文句で謳っていたような高級旅館とはほど遠い代物だ。

私は内偵中に、何度か岡本倶楽部の施設を利用したが、まったくひどいものだった。料理は近くのスーパーの惣菜売り場にあるものを適当に皿に乗せただけで、ほかの刑事たちも「これじゃあ怒るよな」と半ばあきれていた。

カネを集め始めたごく初期だけは預託金の一部を系列のホテルに還元していたものの、OMCが分配を止めると、各ホテルは独立採算制で経営せざるを得なくなった。つまり、各ホテルはクーポンを使って無料で泊まりにくる客の相手をしなければならない。しかし、相手をしても、カネは入ってこない。客は、あらかじめOMCに預託金を払っているのだから、当たり前の話だ。

そのためホテル経営陣は、「お客様に喜んでもらう」ことを放棄した。料理が、スーパーの総菜に置き換わるのも時間の問題であった。

組織犯罪処罰法での摘発を目指す

我々は大東の身辺を徹底的に洗い、マンションや高級車、クルーザーの類の資産をすべて突き止め、記録した。岡本倶楽部を始めるにあたって大東が、5年の満期で預託金を償還するつもりがないのに、カネ集めをしていた事実を立証するためである。

内偵調査は1年以上にわたった。そして、集めた200億円のうち約40億円が貸付の形で大東に流用され、さらにおよそ40億円の使途不明金があることが判明した。大半がホテルの運営以外に充てられ、大東の周りのヤクザ連中にもばら撒かれていた。

捜査本部は大東を筆頭とする岡本倶楽部関係者を、まず出資法違反（預り金の流用）でガサ入れし、最終的には組織犯罪処罰法（組織的詐欺）での摘発を目指す方針を固めた。警視庁と、岡本倶楽部系のホテルが所在する静岡、兵庫、福井の3県で合同捜査本部を組み、詰めの捜査に入った。招集した捜査員は70人にも及び、被疑者逮捕後は、特別捜査本部に格上げされ捜査員も100人態勢となった。

200人の被害届集め

「そろそろ家宅捜索をかけようと思います。検事、被害届は何名ほど取りましょうか」

岡本倶楽部が預託金の最初の償還時期を迎えた2010年の春頃、警視庁の本部庁舎から、桜田通りを挟む検察庁の一室で、我々は検事と向かい合っていた。

案の定、岡本倶楽部は償還を前に〝店じまい〟を始めていた。一部のホテルは光熱水費さえ滞るようになっている。約束の日がきても、岡本倶楽部は顧客に配当どころか、預託金さえ返すことができず、全国の会員たちが騒ぎ始めていた。

被害者が全国に何万人もいて、同時に被疑者も多数に及ぶ岡本倶楽部のような事案では、事件化の前に、警察と検事は入念な打ち合わせを行う。

岡本倶楽部の実態把握は抜かりなく、全容はほとんど解明されていた。

残された問題は「被害届」だ。

預託金として集められた総額は200億円超と巨額だが、一人当たりの金額はというと、数百万円程度。もし、数名の会員しか警察に被害届を出してくれないと、何十億円と詐欺で儲けた大東らに対して、数百万円の詐欺の罪しか問うことができない。ここが、巨額詐欺事件の難しいところだ。

「組織犯罪処罰法を適用する稀少な事件ですので、中途半端な起訴はしたくないですね。それでは、200人の被害届を取ってください」

検事は涼しい顔で言った。

えっ、200人……。

口には出さなかったものの、私と当時の事件担当の管理官は内心、慌てた。

はたして、間に合うだろうか。もう会員たちは騒ぎだしているので、遠からず、大東たちは証拠隠滅、逃亡を図るに違いない。着手はなるべく急がなければいけない。ならば、残された時間は2か月だ。

私たちは2か月で、200人の被害届を取ることを目標にした。電話にかじりついてアポ取りをする捜査員、アポが取れた会員に面会して調書をつくる捜査員を集め、まるで岡本倶楽部がやったように、電話で絨毯爆撃を繰り返す。因果が巡るようで、すこし複雑な気分ではあったが、その甲斐あってどうにか目標を達成することができた。

《出資法違反：ホテル会員権、200億円集金　岡本倶楽部、容疑できょう捜索

会員制温泉ホテルの会員になれば、5年後に保証金が全額返金されるとうたって不正に資金を集めた疑いがあるとして、警視庁と静岡、兵庫、福井県警の合同捜査本部は、温泉ホテル会員権管理・販売会社「オー・エム・シー岡本倶楽部」（東京都中央区）と、岡本ホテル（静岡県熱海市）を含む系列ホテル11カ所などを、出資法違反（預かり金の禁止）容疑で26日に家宅捜索する方針を固めた。オ社は05年以降、全国の高齢者数千人から少な

くとも二百数十億円を集めたとみられる。

捜査関係者などによると、オ社は岡本倶楽部の入会金として50万～3000万円を預ければ、5年後の退会時に預かり保証金（入会費の約8～9割）が全額返金されると勧誘している。

会員は静岡県伊東市、神奈川県箱根町、兵庫県赤穂市など系列ホテル11カ所を利用できる年間宿泊ポイント（5万～160万円）が特典としてもらえ、未利用のポイントは翌年に繰り越すシステムになっている。

出資法2条は、法律で特別に規定されている金融機関など以外が、不特定かつ多数の者から業務として金銭を受け入れる預かり金を禁止している。

オ社は05年に会員制の岡本倶楽部を設立。静岡、新潟、山梨、神奈川、福井、兵庫、三重の7県で展開する岡本ホテルグループの会員権の管理・販売を行っている。オ社のホームページによると、現在も第4次会員を募集しているという。

岡本倶楽部を巡っては、東京都や静岡県の元会員らが保証金の返還を求め訴えを起こしている。》（毎日新聞10年5月26日付朝刊）

主犯は否認貫く

ガサ入れのXデー当日にブン屋たちが前打ちするなど、岡本倶楽部事件は報道合戦になった。検察、警察の誰かがXデーの情報をリークした可能性も否定できないが、全国で被害届を大規模に集めていたため、我々が捜査網を広げていることは、どこから漏れてもおかしくなかった。

捜査本部は押収した資料を解析し、翌年2月、組織犯罪処罰法（組織的詐欺）の容疑で13人の逮捕状を取った。我々は、主役の大東を愛媛県内で逮捕し、警視庁に連行した。

結局、取り調べで、大東の心を揺さぶることはできなかった。

全国の会員から集めたカネで、クルーザーや愛人を住まわせるためのマンションを買ったりと、私的に流用した事実は認めても、「最初から騙すつもりで、預託金を集めた」とは決して認めなかった。

実際のところ、我々は大東が「最初から騙すつもりで、預託金を集めた」ことを傍証する数々の証拠を入手していた。つまり、公判の維持については何の問題もなく、そして否認もある程度は予想していたが、マスコミで事件が大きく取り上げられたこともあって、捜査本部はシャカリキに自供を求めてきたのだった。

「櫻井、お前がついていながらどうした。落とせないでどうすんだ！」

発破をかけられても、そう簡単にはいかない。

形の上では山口組系の組織をやめたとはいえ、大東は根っからのヤクザ者だった。地上げや、ヤクザ相手の車のディーラーなど、組員が直接タッチできない経済活動を回す〝共生者〟の走りのような存在といえばわかりやすいかもしれない。

共生者には、いささかの才能が必要だ。経済の知識と金儲けの才覚、そして裏社会と表社会を自在に行き来する度胸がなければ、一本立ちできない。大東は、リゾートに対する庶民の憧れをくみ取り、高利回りで安心感を与える商品を発案した。目の付け所だけでいえば、大したセンスである。表社会でも評価されたかもしれないビジネスセンスに、欠陥商品を売るという悪の才覚まで伴ってしまうところに、共生者の闇がある。

大東はその後も否認を貫き、裁判でも無罪を主張した。取り調べでは落ちなかったが、内偵捜査段階で証拠が揃っていたので、すべての抵抗は徒労に終わった。

判決は「懲役18年」

東京地裁は2013（平成25）年、大東らの組織的詐欺を認定した。「多額の預託金を食い物にしてぜいたくの限りを尽くしており、犯行の首謀者として責任は重い」として、一審で懲役18年の有罪判決が下された。

岡本倶楽部は事件後に破産し、持っていた物件は不動産会社などに売却された。つわものどもが夢の跡――余談だが、静岡県伊東市の岡本ホテル系の跡地は不動産会社から伊東市に転売されたが、その際に伊東市長が不動産会社からリベートを受け取っていたことが発覚。警視庁捜査二課により汚職事件として摘発された。

大東は19年1月、収監されていた山形刑務所で死去したという。酒池肉林の果ての、寂しい末路だった。

第8章

外国人マフィア

歌舞伎町は住吉会、稲川会、山口組などのヤクザが入り乱れるだけでなく、多様な人種、国籍のマフィアが入り込んでいた。歌舞伎町の外国人マフィアと言えば、筆頭が馳星周の『不夜城』でも描かれた、中国人マフィアである。私が新宿署に着任した2014（平成26）年も、外国人組織の中でも中国人マフィアがヤクザと同程度の存在感を放っていた。

中国人マフィアで代表的なのは、中国残留孤児二世を中心とした半グレ集団「怒羅権《ドラゴン》」をベースとしたグループである。怒羅権は、中国の福建省を拠点とする犯罪組織「蛇頭《ジャトウ》」など、中国本土の黒社会と連携。中国人はマフィアに限らず会食好きだ。歌舞伎町の中華料理店では頻繁に、中国人マフィアと日本のヤクザ、半グレが怪しげな宴会を催している。

歌舞伎町の一部地域や大久保方面には、コリアンタウンが広がっている。ここでは、戦前から日本で暮らす在日韓国・朝鮮人、いわゆる「オールドカマー」と、韓国から最近日本に渡ってきた「ニューカマー」が糾合している。中にはマフィア化する連中もいる。

外国人マフィアの中でも中国、韓国は日本側に〝受け皿〟があるだけに、組織立っており、その経済活動も収入源も日本のヤクザに似通っている。

一方、むき出しの暴力を振るう外国人グループも歌舞伎町には跋扈《ばっこ》しはじめていた。

歌舞伎町には、イランやナイジェリアなどの外国人グループがあるが、ベトナム人マフィアは狂暴性という点で抜きん出ていた。まず、普段の私生活からして、武装している。ベトナム人マフィアは抗争時でなくても、リュックサックに刃渡り30センチはあろうかという牛刀を携帯していて、ベトナム人同士でもすぐに殺し合いをおっぱじめていた。

シノギも荒っぽいものだった。ほかの外国人マフィアが違法薬物の密売などに加担する中で、多かれ少なかれ日本のヤクザ組織と関係しているのに対し、ベトナム人マフィアの場合は、ユニクロなどの量販店で大規模な万引きをし、それを本国に売り払っている。いわばベトナム人同士で完結しているのだ。

生態もまるっきり異なる。外国人マフィアとはいえ、日本で生活している以上、衣食住のどこかで日本の公共サービスを利用するものだが、ベトナム人マフィアの場合は、ベトナム人マフィア専用のヤミ美容室やヤミ病院がある。滅多なことがない限りベトナム人同士で事足りるネットワークが築かれているのである。

したがってその生態は、捜査当局でも全容を把握できていない。

青竜刀で背中をバッサリ

私は2006（平成18）年から渋谷署の組対課の課長代理を3年間務め、警視庁本部の組対四課で5年間、係長（警部）として岡本ホテルなどの事件を手掛けた。

その後、管理職に昇任して、新宿署の組対課長を任されることとなった。

日本に住むベトナム人の大半は留学生や技能実習生として日本に入国してきた。当初、彼らは日本に来てまじめに働こうと思っていたのだろうが、実習生の〝奴隷制度〟のような劣悪な環境から逃げ出したり、留学生とは名ばかりにアルバイトばかりしてドロップアウトする。そして、入管に見つからない生活手段を得るために、マフィアに入っていく。

その日、私は宿直責任者ではなかったが、例のごとく新宿署の寝床に泊まり込んでいると、夜中の2時頃、アジア系の男が喧嘩をしている、という通報が入った。

捜査員と共に現場に急行すると、歌舞伎町のど真ん中で、背中を大きく斬られたベトナム人が、辺りのアスファルトを黒光りさせていた。

ことの発端は、西武新宿駅前のベトナム料理店での口論だった。日本人も外国で日本料理店があれば、よく集まるようになるのと同じで、そのベトナム料理店も在日ベトナム人のたまり場になっていたようだ。

現場のベトナム料理店では、対立関係にある2つのベトナム人グループが会合を開いており、口論の末に暴力沙汰となった。メンバーの誰かが刃渡り30センチもある青竜刀を持ち出し、路上を追いかけていって背中からバッサリ斬って、逃げた。

通常、青竜刀のような凶器を使った殺人で、複数の容疑者が逃げているような場合、警視庁本部の捜査一課が特別捜査本部を設置し犯人の追跡にあたる。ところが、今回のような外国人同士の殺し合いの場合、捜査一課ではなく、組対二課が捜査指揮を執る。なので、現場に到着した私は、現場の状況を、現場鑑識をはじめとした関係部署に報告するとともに詳細な証拠保全と被疑者の割り出しのための捜査指揮をしていた。

フリーの通訳を介して取り調べ

襲われた側のベトナム人の仲間は復讐心から捜査に協力的なのだが、話している内容がベトナム語で、よくわからない。

こういう場合、新宿署ではフリーランスの通訳者に依頼することになっている。警視庁の認定を受けた質の高い通訳で、中国語やベトナム語、フィリピンのタガログ語など、それぞれの言語に精通した人が数百人登録していて、いざというときに、取り調べに来てくれる。夜中でも対応してくれるので、頼りになる存在だ。時給は３０００円前後と高く、深夜帯には自宅まで新宿署の車両が送迎する。

さっそく、ベトナム人の女性の通訳が駆けつけてくれた。

喧嘩のきっかけは仲間の取り合いだったようだ。「俺の若い衆を取りやがって」と、日本人でもよくある話である。彼らベトナム人マフィアのメインのシノギが万引きであることもわかった。連中のアジトになっているアパートにガサ入れをかけたところ、ユニクロなどの日本ブランドの商品が大量に隠してあった。これをベトナムに密輸して捌いているのだろう。マフィアというより、窃盗団に近い。

マッサージ店も彼らにとって重要な資金源である。歌舞伎町には、ベトナムをはじめ、中国やタイなど、各国の違法マッサージ店が軒を連ねている。

また、意外にも理髪業が重要な収入源の１つになっている。日本の美容室は高いから、ベトナム人はあまり使わない。身内で、無許可の理容店を開いていた。

今回の事件は、そうしたシノギを巡るトラブルだった。

関係者の供述や防犯カメラの映像の解析により、襲撃犯6人全員の身元が判明した。20代後半から30代と若いが、路上で取り押さえたひとりは3本もの包丁をカバンに隠し持つ〝臨戦態勢〟に入っており、いつでも路上で殺し合いをする心づもりだったようだ。

「俺は何もやってねえ！　日本は人権が守られているハズだろ？　拷問でもする気か？　大使館に連絡しろ！」

取調室で、犯行グループのベトナム人が母国語で喚《わめ》く。深夜とはいえ、繁華街の中心部で凶器を振り回した重大事件である。課長である私も、取調室で対峙した。傍らには、通訳のベトナム人女性もついている。

「馬鹿野郎！　日本での犯罪は、日本の警察のやり方で調べるんだよ。人権がどうたらお前が言えたことか！」

そう日本語で怒鳴り付ける。立ち合いの警察官は「櫻井課長、それはちょっと言い過ぎでは……」と怯えていたが、隣の通訳のベトナム人女性は、「チャンゴ！（ベトナム語で馬鹿野郎)」と、私と同じくらいの権幕で捲し立てていた。
私だけでなく、通訳の女性にまで怒鳴り付けられ、ベトナム人マフィアも眼をしばたたかせていた。

こういう争いごとに、日本のヤクザはほとんど干渉しない。もしベトナム人マフィアが薬物を扱ったり、日本人客からぼったくったり、ヤクザのシノギと競合するようなことをしてきたら話は別だろうが、基本的にバッティングしないので、ヤクザにとっては〝別世界〟である。

第9章

闇落ち

関東のヤクザ社会の秩序を大きく揺るがした、2005年（平成17）年の国粋会の山口組入り。前述の通り、山口組は水面下で国粋会幹部に取り入り、懐柔工作を続けていた。同じ頃、私は駒込署のマル暴として、国粋会系組織の組長と連絡を取り合う関係にあった。

戦前の右翼団体を源流として、00年頃は銀座・六本木などの繁華街に縄張りを持っていた。いわば、国粋会はヤクザ社会における地主のような存在で、住吉や稲川の組がシノギをして、そこからさらに地代をはねる、そういう秩序が成り立っていた。

ところが05年、国粋会は山口組傘下に入る。この動きは関東の組織には寝耳に水で、繁華街の巨大利権を関西勢に脅かされた既成の住吉・稲川は反発。西の山口組、東の住吉・稲川との間で抗争になりかねないということで、都内で緊張が高まっていた。警視庁本部も、民間人への被害を防ぐため、国粋会の動向に重大な関心を持っていた。

国粋会幹部宅への銃撃事件

穏やかな駒込署管内も無縁ではいられなかった。

第2章で述べた通り、駒込署管内には組事務所はないが、国粋会の大幹部の住むマンションはあった。国粋会の山口組入りが明らかになって、さっそくマンションに銃弾が撃ち込まれたのだ。これには駒込署だけでなく、警視庁本部の四課も大騒ぎになった。

現場のマンションには、国粋会系組織の組長の古谷誠（仮名）と、別のフロアに組長の家族が住んでいた。古谷は国粋会の山口組傘下入りに反対していたとされる。

では、マンションを銃撃したのは何者か。

警視庁本部四課では、さまざまな線が想定され、議論された。国粋会の山口組傘下入りに反対する関東の周辺組織によるものと、国粋会内部での抗争によるもの、山口組内部による反対派への脅しなど――ところが、家に撃ち込まれた当の古谷が、四課への捜査協力を一切、拒絶してしまったのである。

どうやら古谷は、縄張りにしている上野のマル暴と相性が悪いようだった。そこで警視庁本部の別のマル暴と話をさせようとしたが、それも追い返されたという。

「駒込署の櫻井なら話をしてもいい」

そう言うので、私が担当することになった。といっても、これまで古谷に対して特別に便宜を掛けたり、受けたりしたことはない。信頼を得たきっかけは、偶然だ。ある日、駒込署管内の病院に通う古谷の父が持病の薬を紛失し、交番に遺失物として届けられた。

古谷の父親はヤクザではないにしても、大物組長の親族であるから、落とし物の処理がマル暴に回ってきたのである。私は、素直に組長に電話して「組長、お父さんの薬、落としちゃってるよ」と、自宅まで届けたのだった。そのとき、古谷はいなかったが、奥さんからコーヒーをご馳走になり、「今度よかったら遊びに来てください」と感謝された。もちろん、遊びになど行かない。

しばらくすると今度は、その奥さんが車で物損事故を起こしてしまい、向こうから警察の厄介になってしまった。その事故の処理関係でマル暴にも話が来たので、私は現場に臨場し、組長の親族だからといって虐めるわけでもなくきちんと対応した。そうした事情を奥さんから聞いたのだろう。いつしか、古谷と私はサシで話ができる関係になっていたのだった。

マンション銃撃事件では、古谷は本部のマル暴を追い返し、「駒込の櫻井なら通す」とだけ言い残したという。本部のマル暴刑事からすれば「いち所轄の係長が、俺らを差し置いて、なんで古谷といい関係になってんだ」と業腹《ごうはら》だったに違いない。

そんなわけで、本部の四課からは「そちらの櫻井係長のほうでガサ状請求を、明日までに全部やってくれる？」と、駒込署へ嫌がらせのような指示が飛んできた。普通、この手の捜査には本部から応援が来るが、虫が好かないのか、応援はガサのときだけで、ガサ状を取るまでは我々だけでやらなければならなくなってしまったのだった。

古谷のところに出入りする刑事はなにも私だけではなく、本部の組対四課や、縄張りの上野署にも、顔を見知った刑事が何人かいたはずだ。それに、当時、私は四十そこそこで、古谷からは一回りも下。年上の刑事もたくさん知っているだろう。

おそらく、親父さんの薬を拾って届けに行ったとき、「この櫻井という刑事は、こんなことで恩を着せようとしてるんだな……」と勘繰られていたと思う。普通の刑事なら、届けに行ったついでに、日を改めて話を聞かせろとか恩着せがましくしただろう。ただ、私は何も言わずに帰り、こちらから連絡することもなかった。そういう、ガツガツしていないところが信用されたのかもしれない。

ヤクザとの世間話は気をつけろ

この件に限らず、刑事がヤクザと親しくしたり、情報をやり取りすることには、常にミイラ取りがミイラになる危険が潜んでいる。

マル暴刑事といえどもヤクザとの個人的接触は避けるべきとか、刑事は懐に飛び込んでこそ情報を取れるのだとか、どちらの言い方もできるし、どちらも間違いではないだろう。ヤクザとの付き合い方は、実際のところ刑事それぞれとしか言いようがない。ただひとつ、どんな距離感で対するにせよ、ヤクザを前にして、ほかの組織や他人についてアレコレと論評したりするのは避けるべきだ。

ヤクザは用心深い。その上、前提としてマル暴と暴力団は敵同士なのだ。その敵である目の前の刑事がベラベラ喋っていると、彼らはどう思うだろうか。

「こいつは、俺の事も四方八方でこの調子で話すだろうな」

そう見定められた瞬間、ヤクザから真実の情報を引き出すことはできなくなる。

第6章で紹介した、国粋会の月寄りでの諍いはまさに軽口が招いた騒動だった。組対三課の捜査員が、国粋会ではない組のガサ入れで、「国粋会の誰々は山口組に取り込まれている」と世間話で漏らしトラブルを招いた。おそらくその三課の捜査員は、不用意にも、相手が国粋会の人間に告げ口することはないと高をくっていたのだろう。だが相手のヤクザは国粋会の人間に伝え、現場で一触即発になりかけたのだ。

幸いにもこの一件は大事にならなかったが、もしヤクザが「国粋会がどうのこうの」と捜査員がしゃべっている現場に、国粋会の人間を呼びよせでもしていたら、その捜査員は型にはめられてしまっていただろう。軽口を叩く人間は、必ずどこかに落とし穴がある。

カネの押し付け合い

警視庁のヤマで、地方の組事務所にガサ入れに行ったときのこと。捜査対象の組幹部とは、ガサの現場でひと悶着あったものの、最終的にはわだかまりはなくなった。すると、「櫻井さん、今日はこちらに泊まりですか」と聞くので、そうだと答えると、「それなら、近くにうちの女房がやっている店があるので、遊んでいってくださいよ」という。

マル暴の刑事が、まさに今日、ガサ入れを掛けたヤクザの女房の店に飲みに行くなんて、世間の常識では考えられないことかもしれないが、男を売らないとナメられてしまう場面もある。この幹部の性格や振る舞い方を考えると、無下にしたとき「水臭えじゃねえか」などと言われて、警察がヤクザを怖がっていると勘違いされる恐れがあった。そこで、部下と3人で飲みに行くことにした。

店に着くと、すでに組幹部から話を聞いていたのか、ヤクザの女房と思しき店のママが「櫻井さん、お待ちしてました」と寄ってきた。部下たちと飲んで歌って、それなりに楽しんだが、いつまでたっても会計にこない。

仕方がないので3万円を置いて帰ろうとすると、ママが追いかけてきて「こんなもの受け取ったら、夫に叱られます」と突き返してくる。これが面倒だ。もし、ここでご馳走になってしまえば、後で何を言われるかわからない。店の外で、しばらく3万円を押しつけ合う。「私はゴチになりに来たわけではないです。飲んで歌って楽しんだ分ですので」。同じ台詞を何度も繰り返して、ようやく受け取ってもらった。こんな場面を幾度も繰り返すうちに刑事の自覚を失って、ヤクザに取り込まれてしまう者もいる。

残念ながら、全国の都道府県警では毎年のように、ヤクザに内通したとして処分者が出ている。そのほとんどは「ヤクザから情報を取ろう」と思いながら、なぜだか、自分の方が警察の情報を漏洩してしまったパターンだ。

最近、報道された事案だけでも、これだけある。

●2021（令和3）年6月　佐賀県警の30代の巡査長が、同年3月に暴力団関係者に覚せい剤取締法違反事件に関する差押え物件の情報を伝えた。巡査長は「（暴力団情勢の把握のために）関係を構築し、役に立つ情報を得たかった」と話したという。
●20年12月　長崎県警の30代の巡査部長が、19年5月から20年8月頃にかけて、暴力団員を含む知人に捜査情報を漏洩していた。「恩を売れば、情報を収集できると思った」と話したという。
●20年7月　愛知県警捜査四課の30代の巡査部長が、17年12月から20年3月頃にかけて、暴力団関係者の男に暴力団に関する捜査情報や内部資料を漏洩していた。「暴力団の情報を入手し、『ギブ・アンド・テイク』の関係を継続したかった」と話したという。
●19年5月　警視庁組対四課の40代の巡査長が、18年1月から12月にかけて、捜査協力者に暴力団事件の関係者の個人情報を漏洩していた。「協力者から良い情報を取り、犯罪組織の実態が解明されることに充実感を得ていた」と供述しているという。

●2019(平成31)年4月　警視庁麻布署の40代の巡査部長が、16年6月頃、元暴力団組員に情報を漏洩していた。

●18年3月　警視庁新宿署の20代の女性巡査が、17年11月頃から交際していた暴力団組員に捜査情報を漏洩していた。「交際が発覚すると警察官を続けられなくなると思ったが、情報を教えれば黙ってくれると考えた」と供述しているという。

●17年2月　広島県警の50代の警部補が、14年7月頃、暴力団組員に「本日なにもなしで、保釈となります」とメッセージを送り、留置中だった複数の組員の情報を漏洩した。

ヤクザにとって、警察官を籠絡することで得られる利益は計り知れない。何を捜査しているのかわかれば、組を守ることができる。借金の取り立てや恐喝についても、どのラインまでなら逮捕されないのか、所轄の内部情報を得て、その塩梅を押さえることで、巧妙に人を追い詰めることもできるだろう。

そのためヤクザは、あの手この手で刑事を引きずり込もうとする。最初はコーヒー一杯から始まり、ケーキをご馳走。次は昼飯、次第に晩飯、中元、歳暮、キャバクラから高級クラブ。線引きは、どんどん曖昧になる。それがヤクザの狙いだ。マル暴には、甘美な誘いを断る意志の強さがないといけない。だが、そういう決まり通りには動けないのも、また人間なのである。

私はいろいろな組事務所に顔を出した。たいていは世間話をしながら組の動向を探るのだが、あるとき、別の刑事と組事務所で鉢合わせた。

その刑事は、なぜかひとりで事務所に来ている。これはおかしい。我々がヤクザに接触する際には、常にふたり以上で行動せよと決められている。このときも、私は相棒の刑事と一緒だった。

おかしなことは、まだあった。そのひとりの刑事はニコニコしながら、見るからに高そうな重箱の弁当を食べている。それも組長と一緒に、だ。しかも帰り際、封筒を受け取ると、背広の内側に忍ばせた。

「あれ、カネですよ」

組の若い衆が耳打ちしてきた。

その刑事がどこの所属かはわからなかったし、封筒の中身が本当に現金か確認するすべもなかったため、悔しいがどうにもできなかった。警察がいかに、捜査対象のヤクザとの癒着を防ぐ手立てを講じても、現場を完全に監視することはできないのである。


ヤクザから情報を取るつもりが、いつの間にか接待漬けにされ、警察情報をヤクザに漏らす不祥事はいつの時代もなくならない。ミイラ取りがミイラになるのは、この仕事につきものの危険だ。いわゆる「闇落ち」である。

ヤクザとは付き合うなというわけではない。ヤクザと飯を食うにしても、必ずこちらがご馳走して、貸しを作っておけばいいのである。

そのためには、呼ばれたからといって、ホイホイ出ていってはいけない。どんな店に誘われたのかを、まず確かめる。自分で食事代を出せる飲食店なら構わないが、経費ではとても払えないような高級な料亭ならどうか。ヤクザは、そんな場面作りが巧い。

あるいは、たまたま飲み屋で顔見知りのヤクザと一緒になり、勝手に、支払いをまとめられてしまった場合はどうするか。こんなときはご馳走になっても弱みとは思わず、堂々としていることだ。そして二度と、勝手に支払いをした男との酒席には出向かないこと。

マル暴には、そういった精神の強さが求められる。

ヤクザに命を狙われた組対一課の警部

ではヤクザに対して、我々は強気に出れば出るほどいいのか。単純にそうとも言えない。

ある殺しの案件で、組対一課が関東の組織にガサ入れをかけたときのこと。ニュースやテレビの特番で流れる組事務所へのガサ入れでは、警官とヤクザの若い衆が怒鳴り合いをしている。あそこだけ切り取られると、どっちがヤクザだかわからない。たしかに、ガサの現場ではよく見る光景だが、あの場面にはきちんと続きがあるのだ。

ヤクザの若い衆と警察の若手がのぼせ上がって吠えているところに、「なんだなんだ」とお互いの上席者が割って入り、場をとりなす。親分や若頭が出てきて、若い衆を黙らせる。同時に、警察側も現場の責任者が出てきて、若い刑事に「まあ、落ち着け」と声をかける。そしてお互いに軽い挨拶を交わす。あのやりとりは一種の芝居のようなものだ。もちろん芝居のようなものといっても、ガサ入れは演技ではなく現実だし、我々は本気だ。ゆえに、割って入る上席者同士も、穏やかな会話とは裏腹に、相手の言葉尻を捉えて組み伏せられないか、虎視眈々とチャンスをうかがっている。

ところが、このガサ入れは様子が違った。上席者である一課の責任者が、若い刑事と一緒になり、直接の被疑者ではない幹部クラスのヤクザをまるで若い衆のように扱って、がんがん攻め立ててしまった。

これでは、ヤクザも立つ瀬がない。若い衆の目の前で、警察に頭ごなしに怒鳴られるところを見られてしまっては、幹部のメンツは丸つぶれだ。

ガサ入れからほどなく、その一課の責任者には当局の保護がついた。ガサをかけた相手の組の関係から、相当な脅しが入ったのだろう。ガサ入れでは証拠の押収に加えて、組事務所の内側の人間関係に注意を払うことも大切だ。

吠えてくる若い衆に対しては厳しく迎え撃つが、その若い衆の上に立つ者まで同じように押さえつけてはならない。それは捜査とは関係のない、マイナスの結果を生む挑発に過ぎないからである。

渋谷署で組対の課長代理（警部）をしていた
07年頃、暴力団の事務所にて（左が筆者）

ガサ入れは常に丁々発止

千葉県を縄張りとするヤクザの事務所に、ガサをかけたときだ。荒くれ者の揃った組だったので、激しい怒鳴り合いが一向に収まらない。互いに、もう演技ではなくなりつつあった。過熱した理由は、事務所の金庫だ。

我々が「開けろ」と言ったのに、先方の若い衆が「鍵がねえ」と、すっとぼけたのだ。

「そんなわけねえだろうが！」

当然、マル暴の刑事も凄む。

と、ここで組の親分が変化球を投げてきた。

「お前、警察の人がきちっと言っているんだから、ガタガタ言ってんじゃねえ！」

鍵がねえとのたまった若い衆を、怒鳴りつけたのだ。そして「土下座して謝れ」と、カマしてきた。このまま親分のペースに乗ると、若い衆の土下座によって警察のメンツが立ったことになってしまい、最悪の場合、金庫の鍵の件はナアナア、という流れにも発展しかねない。責任者だった私は、皆に聞こえるように大声で言った。

「土下座なんていいからさ。金庫の中、見せてくれればそれでいいから、気にするな」

ここまでは親分、若い衆、それに捜査員の顔を見回しながら話す。さらに相手のタイミングを潰すように、自分たちの捜査員だけを見て「だけど鍵がねえんじゃや、仕方ねえな。壊すしかねえな。おい、道具！」と、親分に聞こえるように続けた。

さすがに観念したのか、親分も言った。

「鍵、あそこにしまっているはずだから、持ってこさせろ」

これにて、一件落着。

取り調べでは相手の誘いに乗るな

「刑事さん、俺の頼みを聞いてもらえませんか。そうしたら喋りますから」

調べの最中、よく聞く台詞だ。供述は欲しい。だが欲しいのは事実で、ぬか喜びさせるための嘘はいらない。こういう手合いのほとんどは便宜を図ってもらうことが目的で、自分の言葉に責任を持たない。取調官を、ひとりの人間として尊重していないのだ。

たしかに、取り調べにおける刑事と被疑者の力関係は対等ではない。攻め立てられている方からすれば、取調官は疑うべき存在かもしれないが、その前に同じ人間同士であることも事実だ。私は、人間同士の真剣勝負を通してでなければ、本当の話を聞くことはできないと信じている。起訴する上で客観的な証拠は大事だが、取り調べにあたって、まずは被疑者に呼びかけ、対話をしたい。その努力もなしに、端から証拠がどうだこうだとやるのは、本物の刑事ではない。

取り調べとは、被疑者の良心に訴え、最終的には真人間を育成するための一段階である。そして実際、カタギの被疑者の取り調べにおいては、本人の良心に問いかけることで真人間になる確率は高いように思う。しかし相手がヤクザ者となると、また話が変わってしまう。ヤクザ者の思考や感情には、いつでも組織の論理がある。カタギの人間とは根本的に、住んでいる世界が違う。

ヤクザ社会では、同質性こそが絆だ。自らヤクザという枠に飛び込み、望んで型にはめられた者たちが結束して仲間意識を高めている。仲間を守り、互いに縛りあう。この強固な仲間意識を突き崩すのは証拠の前に、人間同士の真剣勝負だ。

こんなことを言うと、自白強要の危険があると批判されるかもしれないが、40年を超える警察人生に鑑みて言いたい。私は、取り調べに弁護士を立ち会わせることに賛成できないのである。テレビや新聞に重用される弁護士たちが言うように、彼らを取り調べに立ち会わせることが冤罪を防ぐ道なのだろうか。

罪を認めている被疑者に対してさえ「何も答えるな」とか、「署名するな」とか指示する弁護士は少なくない。特にヤクザの事件では組織が差し向けた弁護士が、留置場の被疑者に圧力をかけてくるようなことが、実際に起こっているのだ。前述したように、日医大事件で矢野の弁護士は、真田に「荒木村重」の伝記を差し入れ、暗に「裏切れば身内を殺す」と伝えていた。

一度、ヤクザ事件をよく引き受ける弁護士と話をしたことがある。私は、自分が警察官になった経緯を「社会正義のため」だと伝えた。そして「あなたが弁護士を目指したのも、社会正義のためではないのか」と尋ねた。

その弁護士は「カネも大事ですよ」と答えただけだった。

マトリと組む

「マトリから、間違いなくけん銃があるって聞いたんだけど。一緒にガサやんないか？」

駒込署にいた1995（平成7）年、警視庁本部の四課の刑事から面白い話が持ち込まれた。彼とは保険金詐欺事件の捜査本部を組んだことがあった。

「マトリ」とは、言わずと知れた厚生労働省の麻薬取締官である。そのマトリが行動確認している暴力団組員が、どうやらけん銃を3丁も隠し持っているという。現場は浅草のホテルで、浅草署の管轄だ。

どうせ一緒にやるなら、マトリとしては気心の知れた刑事と組みたい。そんなことで四課の刑事を通じて、駒込署の私に声をかけてきてくれたのだ。

マトリは薬物専門なので、銃器を扱えない。そのため、マトリが単独で確保した被疑者の所持品からけん銃が出てきた場合、管轄の警察署を呼んで対応することになっている。

そして通常であれば、マトリの連絡先は薬物を扱う警視庁の担当官、いまでいう組対五課に相当する部署と調整をしなければならなかった。

だが、マトリと組対五課は、同じ薬物犯罪を追うライバル関係にある。全員が全員、仲が悪いわけではないが、競争意識はかなりのものだ。当時、けん銃はどこの警察署でも欲しがっていたので、花を持たせるなら仲のよい刑事にしたい。容疑者をちゃんと預かってくれる刑事がいる警察署と組んでやりたい。そういった利害の一致があり、けん銃は駒込署で受け持つことになった。

浅草のホテルを定宿にしていたのは、住吉会二次団体の幹事長クラスだった。配管が通っているパイプスペースに、けん銃を隠しているとのこと。マトリは行動確認の中で、すでに武器の隠し場所を把握していた。

チャカがパイプスペースから出てきたら、ヤクザは即座に否定するだろう。

「そのチャカ、俺のじゃねえよ」

しかし、今回のマトリはヤクザがけん銃を隠すところまで、しっかり行動確認している。また、このホテルのどの部屋に、何人のヤクザがいるのかも把握していた。なんと、ドアスコープという、のぞき穴から部屋の中を見ることができる道具を使って、室内を監視したというのだ。

一般に、マトリのガサ入れは、マル暴のガサ入れよりダイナミックだ。警察のように、丁寧にドアをノックして入れてもらっていては、その隙にシャブを全部トイレに流されてしまうかもしれない。そこで、彼らは入り口付近で出待ちして、ドアが開いたところに踏み込むか、場合によっては窓ガラスを叩き割って突入する。

この事件では、マトリ5人、マル暴5人でガサ入れとなった。ヤクザがドアを開けた瞬間をバッと押さえ、一気に踏み込む。すでに室内のどこにブツを隠しているかは把握しているので、ドタバタ、うわあ、となっている隙に物証を押さえた。

案の定、ヤクザは「チャカは俺のじゃねえよ」と抵抗したが、「もう見てんだよ、隣の部屋から」と、マトリに言われると観念した態度を見せた。

マトリは徹底した行動確認に加え、捜査手法でも警察の先を行っている部分がある。警察ではなかなかハードルの高い潜入やおとり捜査も、当時から積極的に導入していた。知人のマトリは、マル暴の私から見ても、街を歩いていたらヤクザにしか見えない雰囲気を醸し出している。

警察とマトリ。組織としての対立はあれども、個人的にはよい付き合いをしていた。その甲斐もあり、いい事件を融通してくれたことはこのときだけではなかった。結局のところ、現場レベルでは捜査員個人の力量がモノをいうのが、捜査の世界なのだ。

第10章
新たな出発

私事だが、私には子供が4人いる。警察に入ってから、2018(平成30)年に退官するまで、家のことは妻に任せっぱなしだった。授業参観や運動会には一度も行ったことがない。運動会は秋の10月に多いが、10月は暴力団集中取締月間である。家に帰る時間すらなく、ヤクザ捜査に明け暮れていたからだ。

私の書斎は暴力団関連の書籍や資料ばかりで埋め尽くされていた。私の格好もスマートとは対極の、ヤクザと見分けがつかないようなものなので、「本当に警察官なの?」と、子供たちを不安にさせただろう。

そんな私にも、かわいい孫が10人もできた。

だが、目に入れても痛くない子供たちが、この日本で虐待死する事件が相次いでいる。

虐待死事件が起こるたび、子供を保護する児童相談所の対応が批判を浴びている。深刻な虐待を過小評価したり、警察との情報共有が甘かったり、虐待していた親の言うことを鵜呑みにしたり。虐待死事件の4分の1は、児相が関与していたものだという。

この原稿を書いているまさにいま、2021(令和3)年9月に、3歳児の母の交際相手だった20代の男が、子供に熱湯を浴びせかけ、殺した疑いで逮捕された。男は、「故意に浴びせていません」というふざけた言い訳をしているようだ。私はすぐにでもホシのところにすっ飛んでいって、この手で逮捕し、取調室で厳しく追及したい衝動に駆られる。

自治体の対応にも落胆させられることが少なくない。この事件では、地元自治体に度々、虐待を疑う情報がもたらされていたのに、警察に情報共有がされていなかったという。

児相の対応が原因で子供が死んでしまうケースもある。父親の虐待が理由で、児童相談所に女児が保護されたが、父親が職員を威迫したことで、女児が父親に引き渡されただけでなく、虐待を申告した手紙まで渡してしまい、逆上した父親に殺されてしまったのだ。

なぜ手紙を渡してしまったのか。おそらく、父親が児相の担当者を脅したり、言葉尻を捉えて、言いなりにしたのだと思う。

クリーンになりつつある社会。暴力団排除が浸透し、私が警察になりたての頃に比べ、ヤクザは社会から見えなくなった。だが、暴力的な傾向を持っている人は減っていない。一方で、行政や企業は、ヤクザ的なものに対する免疫を失っている。ヤクザのような因縁をつけられたり、暴力をちらつかされると、たちどころに弱腰になってしまう。こうした社会になってこそ、マル暴をはじめとした、警察経験者の役割が重要性を増していると思う。虐待死事件にしても、もし警察経験者が児相で対応にあたっていたら結果は違ったのではないかと思う。マル暴の刑事なら、虐待をするような父親の脅しには絶対に屈しない。

その思いから、私はいま、志をともにする仲間と「STeam Research & Consulting」という会社を立ち上げ、暴力団による不当要求や、ヤクザ的な人物への対応に苦慮する企業や行政機関から相談を受ける事業を始めた。マル暴に限らず、刑事経験者には、ヤクザ対応はもちろん、ヤクザではなくても、強面の人間に対して耐性がある。脅しは通用しない。そうした特技を生かせる仕事もしていきたい。

警察官となってから40年あまりで、暴力団を巡る状況は大きく変わった。

組員は生活できなくなった。銀行口座を持てない、家を借りられない。社会からのヤクザの締め出しは、きつくなりこそすれ、社会が暴力団を許容するようなことは今後、一切ないだろう。排除されたヤクザも社会に反発し、ますます反社会的になっていくだろう。

私は、罪を憎んで人を憎まずという信条で、取り調べではヤクザとは人間として付き合ってきた。彼らにも彼らなりの事情や、理由がある。

皆、おぎゃあと生まれたときから、ヤクザだったわけではない。

彼らがどういう世界で生活し、暴力団員になったのか、よく知っている私だからこそ、ヤクザになってしまうような環境を変えていきたいと思っている。児童相談所での取り組みは、ヤクザを出さない社会につながっていくと思っている。


これまでたくさんのホシを捕まえてきたが、気掛かりなのが、ヤクザの出所後の生活だ。

つい先日、私が過去に捕まえたヤクザが、10年以上の刑期を全うし、出所してきた。組はとうに解散し、社会復帰のための更生施設で暮らしている。ほかの元ヤクザと同じく、仕事はなく、非常に苦しい生活を送っている。その元ヤクザは「いまの自分にできることは、更生と、幸せになること。そして、在監者のためにできることをやる」と話していた。

ヤクザをやめた後、出所した後の生活は想像を絶する苦しさがある。社会復帰できるのはごく一握りで、出所者のおよそ半分が、また娑婆で罪を犯し、刑務所に戻ってくる現状がある。これをどうにかしないと、社会から犯罪が減らないことになる。

いまの時代、銀行口座が作れなくなっては、社会生活を送ることはできない。ヤクザの有様を見て、不良もヤクザになることを躊躇《ためら》うと思う。昔のように、組のために人を殺しても、出所後、組が残っている保証はない。

だが、それでヤクザ者が減ると早合点するのは間違いだ。ヤクザを締め付ければ締め付けるほど、効果があるわけではないと思っている。

実際、半グレが台頭し、経済的困窮から「闇バイト」に手を出す若者も出ている。

こうした社会の変化に対応して、警察の暴力団の取り締まり、反社会的勢力の取り締まりも変化が起きつつある。

警視庁では、組織犯罪対策部の改編が議論されていると聞く。そこでは、従来の組対三課、組対四課を「暴力団対策課」として統合すると言われている。

マル暴には、「四課ブランド」という意識がある。

警察では、殺しなら捜査一課、詐欺や経済事件なら捜査二課という具合に、犯罪の種類によって担当部署を分けている。だが四課は違う。四課はヤクザ事件なら殺人でも詐欺でも、なんでも取り扱う。

四課は、暴力団の壊滅という1つの目標を持った組織と言える。一つひとつの事件にとらわれず、集中取り締まりや頂上作戦を展開することで、戦略的に組織壊滅を狙っていく。これが四課の強さだったと思う。

四課ブランドという言葉を唱えたのは、興産信金事件のときの管理官だった、元四課長の藤田正人さんだ。藤田さんは企業対象暴力のエキスパートとして、不良債権問題に関連する暴力団事件をたくさん手掛けた。暴力団と企業社会の関係を絶つことが、将来的に暴力団壊滅に繋がることを見越していたのだろう。

この先、組織が変わっても、マル暴は四課ブランドの意識を持ち続けてほしいと願う。

櫻井裕一［さくらい・ゆういち］

1957年東京都生まれ。元警視庁警視。1976年、警視庁入庁。組織犯罪対策第四課、渋谷署組織犯罪対策課課長代理、新宿署組織犯罪対策課課長などを経て、2016年より組織犯罪対策第四課管理官を務める。2018年、退官時に、東京の治安維持に務めた功績で「警視総監特別賞（短刀）」を受賞。2020年、「STeam Research & Consulting」を設立、現職。

構成：村上力
校正：西村亮一
本文DTP：ためのり企画

マル暴 警視庁暴力団担当刑事

二〇二一年 十一月三十日 初版第一刷発行

著者 櫻井裕一
発行人 川島雅史
発行所 株式会社小学館
〒一〇一－八〇〇一 東京都千代田区一ツ橋二ノ三ノ一
電話 編集：〇三－三二三〇－五五八〇
販売：〇三－五二八一－三五五五

印刷・製本 中央精版印刷株式会社

Printed in Japan ISBN978-4-09-825409-5